Tudo que é ruim é bom para você

Steven Johnson

Tudo que é ruim é bom para você

Como os games e a TV nos tornam mais inteligentes

Tradução:
Sérgio Góes

ZAHAR

Para Lydia, que acreditou em mim

Título original:
Everything Bad is Good for You
(How today's popular culture is actually making us smarter)

Tradução autorizada da segunda edição americana,
publicada em 2006 por Riverhead Books, parte do Penguin Group Inc.,
de Nova York, Estados Unidos

Jorge Zahar Editor Ltda.
rua Marquês de S. Vicente 99 – 1º andar | 22451-041 Rio de Janeiro, RJ
tel (21) 2529-4750 | fax (21) 2529-4787
editora@zahar.com.br | www.zahar.com.br

Grafia atualizada respeitando o novo Acordo Ortográfico da Língua Portuguesa

Preparação: Leo Alves | Revisão: Eduardo Monteiro,
Maria Helena Torres, Sandra Mager | Capa: Sérgio Campante

CIP-Brasil. Catalogação na fonte
Sindicato Nacional dos Editores de Livros, RJ

Johnson, Steven, 1968-
J65t Tudo que é ruim é bom para você: como os games e a TV nos tornam mais inteligentes / Steven Johnson; Tradução Sérgio Góes. – Rio de Janeiro: Zahar, 2012.

Tradução de: Everything bad is good for you
ISBN 978-85-378-0627-2

1. Cultura popular. 2. Inteligência. I. Título.

CDD: 306.0973
11-7600 CDU: 316.72

Sumário

Cientista A: Ele pediu alguma coisa especial?

Cientista B: Bem, sim, para o café da manhã... ele solicitou uma coisa chamada "germe de trigo, mel orgânico e barra de proteína".

Cientista A: Ah, sim. Essas eram as substâncias mágicas que, alguns anos atrás, acreditava-se que tinham propriedades saudáveis.

Cientista B: Quer dizer que não havia fritura? Nada de bife, tortas ou... calda de chocolate?

Cientista A: Eram considerados pouco saudáveis...

O dorminhoco, de Woody Allen

Nossa era está embrutecida pelos entretenimentos visuais. E em uma sociedade cada vez mais infantilizada, cuja filosofia moral pode ser reduzida a uma celebração da "escolha", os adultos se distinguem cada vez menos das crianças quanto a sua entrega aos entretenimentos e quanto aos tipos de entretenimento a que se entregam – videogames, jogos de computador, jogos de celular, filmes nos computadores, e assim por diante. Isto é o progresso: oferta mais sofisticada de estupidez.

George Will

Este livro é uma obra de persuasão à moda antiga que, em última análise, pretende convencê-lo de uma coisa: na média, a cultura popular ficou mais complexa e intelectualmente estimulante ao longo dos últimos trinta anos. Enquanto a maior parte dos críticos vê emburrecimento e uma corrida para o fundo do poço – "uma sociedade cada vez mais infantilizada", nas palavras de George Will –, eu vejo uma história de progresso: uma cultura de massa mais e mais sofisticada, que a cada ano exige maior empenho cognitivo. Pense nisso como uma espécie de lavagem cerebral positiva: de maneira constante, mas quase imperceptível, a mídia popular deixa nossas mentes mais afiadas, à medida que nos encharcamos de entretenimento geralmente considerado banalidade inculta. Chamo essa tendência ascendente de Curva do Dorminhoco, em homenagem à cena clássica no filme de Woody Allen, uma ficção científica debochada em que uma equipe de cientistas de 2173 se espanta ao ver que a sociedade do século XX não percebia os méritos nutricionais das tortas e da calda de chocolate.

Espero que, para muitos de vocês, o argumento deste livro ecoe uma sensação que já tiveram no passado, mesmo que na época a tenham reprimido – a sensação de que a cultura popular não está condenada a um mergulho em espiral na deterioração dos padrões. Da próxima vez que você ouvir alguém se queixar de mafiosos violentos na TV, de nudez acidental nas telas, da tolice dos *reality shows* ou do olhar apalermado dos viciados em Nintendo, pensem na Curva do Dorminhoco ascendendo firmemente sob todo esse caos superficial. O céu não está desabando. Sob muitos aspectos, o tempo nunca esteve tão bom. Basta apenas um novo tipo de barômetro para percebermos a diferença.

Introdução

A Curva do Dorminhoco

Toda infância tem seus talismãs, objetos sagrados que parecem inócuos o bastante para o mundo exterior, mas que disparam uma torrente de lembranças vívidas quando a criança já adulta os confronta. Para mim, é uma pilha de folhas fotocopiadas cheias de números que meu pai trouxe do escritório para casa quando eu tinha nove anos. À primeira vista aquelas páginas não pareciam o tipo de coisa que levaria um aluno do ensino fundamental ao êxtase. A uma olhada superficial, pareciam folhas de pagamento, mas, quando se examinava de perto, notava-se que os nomes eram conhecidos, até mesmo famosos: Catfish Hunter, Pete Rose, Vida Blue. Nomes do beisebol, à deriva em um mar de números aleatórios.

Aquelas páginas que meu pai trouxe para casa eram parte de um jogo, embora não se parecesse com nenhum que eu já tivesse visto. Era uma simulação de beisebol chamada APBA, abreviatura de American Professional Baseball Association (Associação Americana de Beisebol Profissional). O APBA era um jogo de dados e de informação. Uma empresa de Lancaster, Pensilvânia, havia analisado as estatísticas da temporada anterior e criado uma coleção de cartas, uma para cada jogador que tivesse participado de mais que uma dezena de partidas naquele ano. As cartas continham uma grade críptica de dados que capturava em números as aptidões de cada jogador no campo: os que tinham uma pancada forte, os que erravam muitas batidas, os mestres do arremesso e os demônios da velocidade. Resumindo, o APBA era uma maneira de se jogar beisebol com cartas, ou, pelo menos, de fingir ser um técnico de beisebol: escolhia-se uma equipe, decidia-se quem seriam os primeiros arremessadores, quando rebater com suavidade e quando avançar para uma base.

O APBA parece bem divertido, quando explicado dessa maneira genérica – que menino não gostaria de gerenciar uma equipe? –, mas jogá-lo era uma história mais complicada. No nível mais simples, o jogo tinha a seguinte sequência básica: você escolhia os jogadores, decidia uma estratégia, rolava os dados e então consultava uma tabela para ver o que havia acontecido – um *strikeout*, um *home run*, ou uma rebatida fraca seguida de eliminação.

Mas nunca era tão simples assim com o APBA. Era possível jogar contra um adversário humano, ou mesmo administrar sozinho os dois times, e as decisões tomadas para o time oponente transformavam as variáveis de maneiras sutis, mas cruciais. No começo de cada partida – e sempre que fosse feita uma substituição –, era preciso somar todos os pontos de cada jogador da equipe. Certos resultados mudariam se o time fosse excepcionalmente hábil com a luva, enquanto times menos talentosos na defesa cometeriam mais erros. Havia tabelas completamente distintas, dependendo do número de corredores nas bases: se houvesse um homem na terceira base, consultava-se a tabela de "Corredor na Terceira". Alguns resultados variavam de acordo com a qualidade do arremessador: se o arremessador fosse um "nível A", segundo os dados da tabela, recebia-se um *strikeout*, enquanto um arremessador "nível C" geraria uma rebatida forte para o fundo do campo. E isso era apenas o começo da complexidade do jogo. Eis o registro completo para "Arremesso" na tabela principal, "Bases Vazias":

> Os números de rebatida sob os quais aparecem linhas podem ser alterados segundo o nível do arremessador contra quem o time está rebatendo. Observe sempre o nível do arremessador e procure possíveis mudanças nos números sublinhados. "Sem Mudanças" sempre remete à coluna D, ou esquerda, e sempre significa uma rebatida com ganho de base. Contra arremessadores Nível D nunca acontecem mudanças – usa-se apenas a coluna da esquerda. Quando um arremessador é tirado do jogo, tome nota do nível do arremessador que o substitui. Se for diferente, deve-se usar uma coluna diferente quando aparecerem os números sublinhados. Certos jogadores podem ter os

> números 7, 8 e/ou 11 na segunda coluna de suas cartas. Quando se encontra qualquer um desses números na segunda coluna da carta de um jogador, a coluna não está sujeita a mudanças normais de nível. Nesses casos sempre use a coluna à esquerda (Nível D), independentemente do nível do arremessador. Às vezes, os arremessadores podem ter classificações A & C ou A & B. Sempre considere esses arremessadores como Nível A, a não ser que a coluna A seja rebatida com ganho de base. Então use a coluna C ou B, conforme o caso, para o resultado final da jogada.

Entendeu? Essas poderiam ser as instruções para a declaração do imposto de renda que você alegremente contrataria um contador para decifrar. Lendo essas palavras agora, preciso fazer um esforço só para acompanhar a sintaxe, mas meu eu de dez anos de idade internalizou tão completamente esses segredos que jogava centenas de partidas de APBA sem conferir as letrinhas miúdas. *Um 11 na segunda coluna da carta do rebatedor? É claro,* é claro *que significa ignore as mudanças normais de nível do arremessador. Seria loucura não ser assim!*

Os criadores do APBA imaginaram um sistema tão elaborado por razões compreensíveis: estavam ampliando os limites do gênero cartas-e-dados para acomodar a complexidade estatística do beisebol. Essas complicações matemáticas não se limitavam a simulações de beisebol, é claro. Havia jogos parecidos para a maioria dos esportes populares: simulações de basquete que permitiam que se criasse uma zona de defesa ou se fizesse um lance desesperado de três pontos no último segundo antes do apito final; jogos de boxe que permitiam reconstituir a luta Ali *versus* Foreman sem a estratégia de aguentar pancada para sair vitorioso. Os fãs de futebol jogavam Soccerboss e Wembley ou similares, nos quais era possível administrar as equipes, negociar jogadores e zelar pela saúde financeira da organização virtual. Um monte de simulações militares com dados recriava batalhas históricas ou guerras mundiais inteiras com absoluta fidelidade.

Talvez o mais famoso seja Dungeons & Dragons e seus muitos imitadores, em que os jogadores construíam elaboradas narrativas de fantasia –

rolando dados com vinte faces e consultando tabelas confusas que davam conta de uma quantidade surpreendente de variáveis. Os três livros principais do jogo somavam mais de quinhentas páginas, com centenas de tabelas que os jogadores consultavam como se fossem as Escrituras. (Em comparação, consultar as tabelas do APBA era como ler o verso de uma caixa de cereal.) O *Livro do jogador* descreve o processo de criação de um personagem qualquer assim:

> Monte deseja criar um novo personagem. Ele joga quatro dados de seis lados (4d6) e obtém 5, 4, 4 e 1. Ignorando o dado com número mais baixo, ele registra o total em uma folha de papel, 13. Faz isso mais cinco vezes e obtém estes seis resultados: 13, 10, 15, 12, 8 e 14. Monte decide usar um guerreiro anão, forte e resistente. Ele então distribui os resultados pelos atributos. O maior, 15, é posto em Força. O personagem tem um bônus de Força de +2, que vai ajudar bastante em lutas. O segundo número mais alto, 14, vai para Constituição. O modificador racial de atributo de +2 do anão [ver Tabela 2-1: Modificadores Raciais de Atributo, p.12] aumenta sua Constituição para 16, dando um bônus de +3. ... Monte ainda tem dois resultados que concedem bônus (13 e 12) e um resultado médio (10). Destreza recebe o 13 (bônus de +1).

E isso é só para definir as características básicas de um personagem. Quando você soltasse seu guerreiro anão no mundo, os cálculos necessários para determinar os efeitos de suas ações – atacar uma criatura específica, com uma arma específica, em circunstâncias específicas, com um grupo específico de companheiros a seu lado – deixariam muitos garotos em lágrimas se as mesmas tabelas estivessem em um teste de matemática.

O que leva à questão básica: por que alguém de dez anos acharia isso *divertido*? Para mim, a verdade constrangedora é que acabei ficando frustrado com minha simulação de beisebol, mas não pelas razões que seriam de se esperar. Não é que a linguagem obscura me desgastasse ou que eu me cansasse de ir de uma coluna para outra na tabela de Bases Vazias, ou que eu decidisse que seis horas era tempo demais para ficar trancado sozinho em meu quarto na tarde de um sábado de julho.

Não, eu abandonei o APBA porque ele não era suficientemente realista.

Minha lista de queixas crescia junto com minha experiência com o APBA. Conhecer centenas de jogos simulados mostrou os pontos cegos e as estranhas distorções da simulação. O APBA não considerava a questão de o jogador ser destro ou canhoto, algo crucial para a estratégia do beisebol. Os talentos individuais em campo eram amplamente ignorados. A decisão vital sobre os diferentes tipos de arremessos – rápidos, curvos, baixos – estava completamente ausente. O jogo não levava em conta *onde* a partida era disputada: você não podia simular a cerca vulnerável do lado esquerdo do Fenway Park, tão tentadora para rebatedores destros, ou os ventos rodopiantes do velho Candlestick Park, em São Francisco. E, embora o APBA contivesse equipes memoráveis, não havia como incluir no jogo as mudanças históricas nas partidas disputadas por dois times de eras diferentes.

E assim, nos três anos seguintes, eu embarquei em uma longa jornada pelo mundo surpreendentemente populoso dos jogos de simulação de beisebol, encomendando-os através de anúncios impressos no verso da *Sporting News* e no guia anual de beisebol da Street and Smith. Provei o Strat-O-Matic, o mais popular entre os jogos simulados de beisebol; tentei o Statis Pro Baseball, da Avalon Hill, fabricante do Diplomacia, jogo de tabuleiro então popular; experimentei o Time Travel, especializado em compor times fictícios a partir de um estoque de jogadores famosos. Perdi vários meses com um jogo chamado Extra Innings, que abria mão totalmente de cartas e tabuleiro; ele nem vinha embalado em uma caixa – era só um envelope enorme cheio de folhas e mais folhas com informações. Você tinha que rolar seis dados diferentes para completar uma jogada, algumas vezes consultando cinco ou seis páginas distintas para determinar o que havia acontecido.

Como uma espécie de viciado enlouquecido em busca da viagem perfeita, comecei a desenvolver minhas próprias simulações, construindo jogos inteiros a partir do zero. Tomei emprestado o dado de vinte faces do Dungeons & Dragons – os cálculos eram muito mais fáceis com vinte faces do que com seis. Rabisquei minhas próprias tabelas em blocos de folhas amarelas e traduzi as estatísticas da temporada anterior nas minhas cartas feitas em casa. Suponho que, para algumas pessoas, pensar em partidas de beisebol jogadas na juventude evoca o cheiro de luvas de couro e de grama recém-cortada. Para mim, o que vem à lembrança é a pureza estatística do dado de vinte faces.

Essa história, admito, costumava ter uma moral autolaudatória. Já adulto, eu costumava contar a novos amigos sobre meus dias na quinta série passados no meu quarto construindo elaboradas simulações e debochava um pouco de como eu não era popular, dedicado a meus dados de vinte faces, enquanto os outros meninos brincavam de pique-bandeira ou, Deus me livre, beisebol *de verdade*. Mas a mensagem subjacente em minha história era clara: eu era uma espécie de prodígio da estatística, construindo mundos simulados usando blocos de notas e tabelas de probabilidades.

Mas hoje já não acredito que minha experiência tenha sido tão fora do comum. Suspeito que milhões de pessoas de minha geração possam contar histórias semelhantes: se não de simulações de esportes, então de Dungeons & Dragons, ou de estratégia geopolítica em jogos como Diplomacia, uma espécie de xadrez aplicado à história real. O mais importante é que, nos 25 anos que se passaram desde que comecei a explorar aquelas fotocópias do APBA, o que parecia ser uma obsessão solitária se transformou em uma atividade perfeitamente normal.

Este livro, em última análise, é a história de como o tipo de pensamento que eu praticava em meu quarto se tornou um componente cotidiano do entretenimento de massa. É o relato de como a análise de sistemas, a teoria das probabilidades, o reconhecimento de padrões e – por incrível que pareça – a boa e velha *paciência* se tornaram ferramentas indispensáveis para qualquer um que tente entender a cultura pop atual. Porque a verdade é que minha obsessão solitária com a criação de simulações complexas é agora o comportamento comum da maioria dos consumidores de entretenimento da era digital. Esse tipo de educação não está acontecendo nas salas de aula ou nos museus; está acontecendo nas salas de estar e nos porões, nos computadores e diante das televisões.

Eis a Curva do Dorminhoco: as formas mais depreciadas de diversão em massa – videogames, programas violentos de TV e *sitcoms* juvenis – acabaram sendo nutritivas, afinal de contas. Durante décadas acreditamos que a cultura de massa segue uma tendência constante de declínio rumo a um mínimo denominador comum, supostamente porque as "massas" desejam prazeres simples e burros e as grandes empresas de comunicação querem dar às massas aquilo que elas desejam. Mas, na verdade, está acontecendo exatamente o contrário: intelectualmente, a cultura está ficando cada vez mais exigente, não menos.

Na maior parte das vezes, as críticas que levam a cultura pop a sério realizam algum tipo de análise simbólica, decodificando a obra para mostrar de que maneira ela representa algum outro aspecto da sociedade. É possível ver essa abordagem simbólica em programas acadêmicos de estudos culturais que analisam as maneiras como as formas pop expressam a luta de vários grupos marginalizados: gays e lésbicas, negros, mulheres, o Terceiro Mundo. É possível vê-la em ação na crítica contextualizada praticada nas seções de mídia de jornais e de revistas semanais, em que o crítico estabelece uma relação simbólica entre a obra e um espírito de época: o amor-próprio *yuppie*, por exemplo, ou a ansiedade pós-11 de Setembro.

A abordagem adotada neste livro é mais sistêmica do que simbólica, mais acerca de relações causais do que de metáforas. Em certo sentido, está mais próxima da física do que da poesia. Meu argumento sobre a existência da Curva do Dorminhoco decorre da suposição de que o panorama da cultura popular envolve o choque de forças concorrentes: os apetites neurológicos do cérebro, a economia da indústria cultural, as mudanças nas plataformas tecnológicas. As maneiras específicas de essas forças colidirem entre si desempenham um papel determinante no tipo de cultura popular que acabamos por consumir. O trabalho do crítico, então, é delinear essas forças, não decodificá-las.

Algumas vezes, em benefício do argumento, acho útil imaginar a cultura como um tipo de sistema climático feito pelo homem. Coloque uma massa de ar quente e úmido sobre a água fria do oceano e será criado um ambiente propício para nevoeiros. O nevoeiro não aparece porque de alguma forma simboliza o choque entre o ar quente e a água fria. Ele acontece, sim, como efeito decorrente daquele sistema específico e de sua dinâmica interna. O mesmo se aplica à cultura popular: certos tipos de ambiente encorajam a complexidade cognitiva, outros a desencorajam. O objeto cultural – o filme ou o videogame – não é uma metáfora desse sistema; é mais como um produto ou um resultado.

As forças em ação nesses sistemas operam em níveis múltiplos: mudanças tecnológicas que permitem novos tipos de entretenimento; novas formas de comunicação on-line que proporcionam ao público uma plataforma para comentários sobre obras da cultura pop; mudanças na economia da indústria cultural que incentivam o espectador a ver o mesmo programa mais de uma vez; e desejos bem enraizados no cérebro humano que buscam desafios intelectuais e recompensas. Para entender essas forças precisamos recorrer a disciplinas que normalmente não interagem entre si: economia, teoria da narrativa, análise de redes sociais, neurociência.

Esta é uma história de tendências, não de absolutos. Não creio que a maior parte da cultura pop atual seja feita de obras-primas que algum dia serão ensinadas em cursos universitários junto com Joyce e Chaucer. Na maioria dos casos, os programas de televisão, os videogames e os filmes que vamos examinar nas próximas páginas não são Grandes Obras de Arte. Mas são mais complexos e cheios de nuances que os programas e os jogos que os antecederam. Enquanto a Curva do Dorminhoco mapeia as mudanças *médias* ocorridas no panorama cultural pop – e não apenas a complexidade de obras específicas –, eu dirigi o foco para um punhado de exemplos representativos, em prol da clareza. (As notas no fim do livro apresentam um levantamento mais amplo.)

Creio que a Curva do Dorminhoco seja a força nova mais importante a alterar o desenvolvimento mental dos jovens hoje em dia, e acredito que ela seja, em grande parte, uma força benéfica: estimula nossas capacidades cognitivas, não as embota. No entanto, quase nunca se ouve isso em avaliações populares da mídia atual. Pelo contrário, o que se ouve são histórias terríveis de vício, violência, escapismo irracional. "Por todo o espectro político", escreveu o lendário showman Steve Allen em uma coluna de opinião do *Wall Street Journal*, "observadores sérios estão chocados diante do que acontece com o entretenimento na TV dos dias de hoje. Ninguém pode dizer que os gritos de alerta sejam simples exageros de desmancha-prazeres conservadores ou de pregadores fundamentalistas. ... O lixo sórdido e grosseiro na TV nestes últimos anos vai além do que tradicionalmente tem sido chamado de Passar dos Limites." O influente Conselho de Pais para a Televisão argumenta: "A indústria do entretenimento levou o invólucro do conteúdo longe demais; filmes e programas de televisão repletos de sexo, violência e blasfêmias transmitem fortes mensagens negativas para a juventude dos Estados Unidos – mensagens que a insensibilizam e levam a uma sociedade muito mais alienada, à medida que esses jovens se tornam adultos." E a colunista Suzanne Fields: "As *sitcoms* são emblemáticas de nossa cultura; os pais, independentemente do grau de instrução, deixaram de lado os mais simples padrões de decência. Seus filhos literalmente 'não sabem o que é bom'. Pouco a pouco, a cultura popular embota nossos sentidos. Uma sociedade aberta com alta tecnologia expõe um número cada vez maior de adultos e crianças ao mínimo denominador comum de sexo e violência." Dá para encher uma enciclopédia com todos os ensaios semelhantes publicados na última década.

Há exceções a essa avaliação trágica, mas são do tipo que confirmam a regra. É possível encontrar reconhecimentos ocasionais e relutantes de que há aspectos ligeiramente positivos: um artigo que sugere que os videogames estimulam a memória visual ou um crítico que saúda *The West Wing: Nos bastidores do poder* como um raro florescimento de programação inteligente em meio ao lixo do horário nobre na televisão. Mas o tema dominante é declínio e atrofia: somos uma nação de viciados em *reality shows* e fissurados em Nintendo. Esses registros deixam escapar a tendência mais interessante de todas: a cultura popular vem se tornando cada vez mais complexa nas últimas décadas, exercitando nossas mentes de maneiras novas e poderosas.

Mas, para ver a virtude dessa forma de lavagem cerebral positiva, é preciso começar a abandonar a tirania do jogo moralista. Quando a maioria dos colunistas e apresentadores de programas de entrevistas discute o valor social da mídia, quando pergunta se a mídia de hoje é boa ou não é boa para nós, a suposição subjacente é a de que o entretenimento nos aprimora quando traz uma mensagem saudável. Programas que promovem o fumo ou a violência gratuita nos prejudicam, enquanto os que combatem a gravidez na adolescência ou a intolerância têm um papel positivo na sociedade. Julgada por esse padrão moralista, a história da cultura popular nos últimos cinquenta anos – ou mesmo nos últimos quinhentos – é uma história de constante declínio: a moral das histórias se tornou cada vez mais sombria e ambígua, e os anti-heróis se multiplicaram.

O contra-argumento mais comum é que o que a mídia perdeu em clareza moral ela ganhou em realismo. O mundo real não vem embrulhado na propaganda de serviços de utilidade pública, e estamos melhor com entretenimentos que reflitam esse estado decaído e toda a sua ambiguidade ética. Eu até simpatizo com esse argumento, mas não é o que vou defender aqui. Creio que existe outra maneira de avaliar a virtude social da cultura pop, uma maneira que vê a mídia como uma espécie de exercício cognitivo, e não um conjunto de lições de vida. Aqueles simuladores de beisebol em que eu mesmo mergulhei não continham nada que se assemelhasse a ensinamentos morais, mas, ainda assim, me deram um conjunto de ferramentas cognitivas nas quais continuo a me apoiar, quase trinta anos depois. Pode ser que de fato haja mais "mensagens negativas" na mídia de hoje, como acredita o Conselho de Pais para a Televisão. Mas essa não é a única maneira de avaliar se os programas de televisão ou os videogames têm um impacto positivo. Tão importante quanto isso – se não *mais* – é o tipo de pensamento necessário para dar sentido a uma experiência cultural. É aí que a Curva do Dorminhoco se torna visível. A cultura popular de hoje pode não estar nos mostrando o caminho da retidão. Mas está nos deixando mais inteligentes.

Parte I

"Quem estuda a mídia logo passa a esperar que, em qualquer período, as novas mídias sejam classificadas como falsas por aqueles que adquiriram os padrões das mídias anteriores, quaisquer que sejam elas."

Marshall McLuhan

Games

Não há nada mais convencional do que a noção convencional de que seria melhor se a garotada de hoje passasse mais tempo lendo livros e menos tempo se distraindo com videogames. Uma edição de *Dr. Spock* – "revista e totalmente ampliada para um novo século", como informa a capa – tem o seguinte comentário sobre videogames: "O melhor que se pode dizer sobre eles é que talvez ajudem a promover a coordenação visual-motora das crianças. O pior que se pode dizer é que sancionam e até mesmo promovem a agressão e respostas violentas a conflitos. Mas o que pode ser dito com muito mais certeza é: a maioria dos jogos de computador é uma colossal perda de tempo." Mas, no que se refere à leitura, o conselho é muito diferente: "Sugiro que desde cedo você comece a estimular em seus filhos o amor pela leitura e pela palavra impressa. ... O importante é que seu filho seja um leitor ávido."

Em meados de 2004, o National Endowment for the Arts publicou um estudo mostrando que a leitura por prazer havia decaído constantemente em todos os principais grupos demográficos americanos. O escritor Andrew Solomon analisou as consequências dessa mudança: "As pessoas que leem por prazer vão a museus e shows musicais muito mais vezes do que as que não leem, praticam quase três vezes mais trabalhos voluntários e de caridade, vão quase duas vezes mais a eventos esportivos. Os leitores, em outras palavras, são ativos, enquanto os não leitores – mais de metade da população – estão imersos na apatia. Existe uma divisão social básica entre aqueles para quem a vida é um acúmulo de novos saberes e novas experiências e aqueles para quem a maturidade é um processo de atrofia mental. O deslocamento em direção à última categoria é assustador."

A noção do poder intelectualmente nutritivo da leitura de livros é algo tão arraigado em nossas suposições que é difícil considerar um ponto de vista diferente. Mas, segundo a famosa observação de McLuhan, o problema de julgar novos sistemas culturais com base em seus próprios termos é que é impossível evitar que a presença do passado recente afete nossa opinião sobre as novas formas, destacando falhas e imperfeições. Os games têm sofrido dessa síndrome ao longo da história, em grande parte porque foram vistos em contraste com as convenções mais antigas da leitura. Para contornar tais preconceitos, tente a seguinte experiência mental. Imagine um mundo alternativo idêntico ao nosso, exceto por uma mudança técnica e histórica: os videogames foram inventados e popularizados *antes* dos livros. Nesse universo paralelo, as crianças jogaram videogames durante séculos – então surgiram aqueles textos em páginas encadernadas, e de repente a moda estourou. O que pais, professores e autoridades culturais teriam a dizer sobre essa mania de leitura? Desconfio que seria algo assim:

> A leitura de livros desestimula cronicamente os sentidos. Na antiga tradição dos videogames, a criança está imersa em um mundo tridimensional e vívido, cheio de imagens em movimento e fundos musicais, navegado e controlado por meio de complexos movimentos musculares, enquanto os livros não passam de uma sequência insossa de palavras na página. A leitura ativa apenas a pequena parte do cérebro dedicada a processar a linguagem escrita, enquanto os jogos utilizam todos os córtices sensoriais e motores.
>
> Ademais, os livros são tragicamente alienantes. Enquanto os games há muitos anos vêm envolvendo os jovens em complexas redes sociais com seus pares, construindo e explorando mundos juntos, os livros forçam a criança a se afastar para um lugar quieto, isolar-se de qualquer interação com outras crianças. Essas novas "bibliotecas" surgidas nos últimos anos para facilitar as atividades de leitura são assustadoras: dezenas de crianças, normalmente tão vivazes e socialmente interativas, sentadas sozinhas em cubículos, lendo em silêncio, ignorando a presença de seus companheiros.
>
> Muitas crianças gostam de ler, é claro, e não há dúvida de que alguns dos voos de imaginação proporcionados pela leitura têm seus méritos escapistas.

> Mas, para uma percentagem considerável da população, os livros são claramente discriminatórios. A febre de leitura dos últimos anos zomba dos 10 milhões de americanos que sofrem de dislexia – uma doença que sequer era vista como tal até os textos impressos aparecerem para estigmatizar os acometidos por dela.
>
> Porém, talvez a mais perigosa característica desses livros seja o fato de que seguem uma trilha linear fixa. Não há como controlar a narrativa de forma alguma – você simplesmente se acomoda e acompanha a história lhe ser ditada. Para aqueles entre nós que foram criados com narrativas interativas, essa característica pode parecer incrível. Por que alguém gostaria de embarcar em uma aventura totalmente coreografada por outra pessoa? Mas a geração de hoje embarca nessas aventuras milhões de vezes ao dia. Com isso corre-se o risco de instilar uma passividade geral em nossas crianças, fazendo-as achar que são incapazes de modificar suas circunstâncias. A leitura não é um processo ativo e participativo; é submissa. Os leitores de livros da geração mais jovem estão aprendendo a "seguir o enredo", não a liderar.

Eu provavelmente nem preciso dizer, mas talvez seja melhor dizer que não concordo com essa argumentação. Mas também não é exatamente correto afirmar que suas alegações sejam falsas. A argumentação se apoia em um tipo de seletividade amplificada: chama a atenção para certas propriedades isoladas dos livros e então projeta os cenários mais pessimistas, baseando-se nessas propriedades e em seus possíveis efeitos sobre "a geração mais jovem". Mas não menciona nenhum dos claros benefícios da leitura: a complexidade da argumentação e da narrativa que o livro oferece; o aumento da imaginação provocado pela leitura de palavras em uma página; a experiência partilhada vivida quando todo mundo está lendo a mesma história.

Um truque semelhante acontece cada vez que alguém se queixa da obsessão atual por videogames e de seus efeitos estupidificadores sobre as gerações de amanhã. Games não são romances, e suas aspirações literárias são, invariavelmente, o que têm de menos interessante. Você pode julgar os games segundo os critérios usados para julgar romances – os personagens são verossímeis?, o diálogo é complexo? –, mas os games sempre vão deixar a desejar. Eles são tão bons enquanto formas de narrativa quanto Michael Jordan era bom em beisebol. É provável que ambos pudessem viver disso, mas seus talentos excepcionais estão em outra parte.

Antes de chegarmos a esses talentos, quero dizer algumas palavras sobre as virtudes dos livros. Só para deixar registrado, acho essas virtudes imensas – e não apenas porque vivo de escrever livros. Todos devemos encorajar nossos filhos a ler mais, a desenvolver prazer e apetite pela leitura. Mas, em nossa cultura, até mesmo o mais ávido dos leitores vai acabar passando parte do seu tempo com outras mídias – games, televisão, cinema, internet. E essas outras formas de cultura têm virtudes intelectuais ou cognitivas próprias – diferentes das recompensas da leitura, mas comparáveis a elas.

Quais são exatamente as recompensas da leitura? Em geral, elas se enquadram em duas categorias: a informação contida no livro e o esforço mental necessário para processar e armazenar essa informação. Entenda isso como a diferença entre adquirir informação e exercitar a mente. Geralmente, quando estimulamos crianças a ler por prazer, estamos pensando no exercício mental proporcionado. Nas palavras de Andrew Solomon: "[Ler] exige esforço, concentração, atenção. Em troca, oferece o estímulo e os frutos do pensamento e do sentimento." Spock diz: "Diferentemente da maioria das formas de diversão, a leitura é uma atividade que exige participação ativa. Nós devemos realizar a leitura pessoalmente – explorar as letras, compreender as palavras e acompanhar o fio da história." Grande parte dos elogios aos benefícios mentais da leitura também invoca o poder da imaginação; os livros obrigam o leitor a conceber na própria cabeça mundos inteiros, e não apenas ingerir uma série de imagens pré-embaladas. E há também o argumento ligeiramente circular – mas indubitavelmente verdadeiro – a respeito dos benefícios profissionais a longo prazo: ser um leitor ávido é bom porque o sistema educacional e o mercado de trabalho dão muito valor às habilidades de leitura.

Em suma, os benefícios cognitivos da leitura envolvem as seguintes habilidades: esforço, concentração, atenção, capacidade de dar sentido às palavras, de seguir fios narrativos, de esculpir mundos imaginários a partir de simples frases em uma página. Esses mesmos benefícios são amplificados pelo fato de que a sociedade dá uma ênfase substancial exatamente a esse conjunto de competências.

O simples fato de que estou lhe apresentando essa argumentação sob a forma de livro e não em um programa de televisão ou um videogame deveria deixar claro que acredito que a palavra impressa continua sendo o veículo mais poderoso para transmitir informações complicadas – embora a palavra *eletrônica* esteja começando a ser tão eficiente quanto os livros impressos. A argumentação a seguir está centrada exclusivamente na questão do exercício mental – e não do conteúdo. Pretendo persuadi-lo de duas coisas:

1. De acordo com quase todos os critérios usados para medir os benefícios cognitivos da leitura – atenção, memória, capacidade de seguir enredos etc. –, a cultura popular não literária vem se tornando cada vez mais desafiadora nos últimos trinta anos.
2. A cultura popular não literária vem aperfeiçoando cada vez mais *diferentes* habilidades mentais tão importantes quanto as exercitadas pela leitura de livros.

Apesar das advertências do dr. Spock, os exemplos mais poderosos de ambas as tendências encontram-se no mundo dos videogames. Você talvez tenha observado que, nos últimos anos, vem aparecendo em jornais e revistas de grande circulação certo tipo de matérias sobre a cultura dos videogames. Em última análise, a mensagem dessas matérias é: jogar videogames pode não ser uma *completa* perda de tempo. Essas matérias sempre apontam para algum estudo recente voltado para um efeito colateral secundário dos videogames – normalmente destreza manual ou memória visual – e explicam que os que jogam com frequência apresentam habilidades mais desenvolvidas do que os que não jogam. (O outro tipo comum de matéria "vamos levar os jogos a sério" ressalta o aspecto financeiro, geralmente apontando para o fato de que a indústria dos videogames atualmente tem uma receita maior que a de Hollywood.)

Bem, não tenho dúvida de que os videogames de hoje realmente melhoram a inteligência visual e a destreza manual, mas as virtudes dos games vão muito além da coordenação visual-motora. Quando leio esses relatos ostensivamente positivos sobre videogames, penso que seria o mesmo que escrever sobre os méritos dos grandes romances destacando que a leitura melhora nossa capacidade de soletrar. É verdade, acho, mas isso não faz justiça à rica e complexa experiência da leitura de romances. Há uma cegueira semelhante na maneira como os videogames vêm sendo tratados pela mídia até hoje. Apesar de tanto debate sobre a cultura dos videogames, a experiência de jogar propriamente dita tem sido representada de maneira estranhamente inadequada. Ouve-se muita coisa sobre o conteúdo dos videogames: a carnificina, os tiroteios, as fantasias adolescentes. Mas raramente ouvimos descrições acuradas sobre qual é a *sensação* de se passar o tempo nesses mundos virtuais. Preocupo-me com o hiato de experiência que existe entre as pessoas que mergulharam nos videogames e as que apenas ouviram relatos de segunda mão, porque esse hiato torna difícil discutir de maneira coerente o significado dos videogames. Isso me faz lembrar o que a crítica social Jane Jacobs sentia a respeito dos prósperos bairros urbanos que ela documentou na década de 1960: "Quem conhece bem essas animadas ruas da cidade sabe como é. Quem não conhece sempre vai conceber uma imagem um pouco errada – como as antigas ilustrações de rinocerontes feitas a partir de descrições dos animais."

Então como são realmente os rinocerontes? A primeira e última coisa que se deve dizer sobre a experiência de jogar os videogames atuais, aquilo que quase nunca se ouve nos principais meios de comunicação, é que os jogos são terrivelmente, às vezes enlouquecedoramente, *difíceis*.

O SEGREDINHO PERVERSO dos videogames é quanto tempo se gasta sem se divertir. Pode-se ficar frustrado; pode-se ficar confuso ou desorientado; pode-se ficar paralisado. Quando você deixa o jogo de lado e volta para o mundo real, pode acabar tentando resolver mentalmente o problema com que estava pelejando, como quando se tenta arrancar um dente de leite mole. Se isso é escapismo irracional, é uma estranha versão masoquista. Quem quer fugir para um mundo que é irritante durante 90% do tempo?

Considere a história de Troy Stolle, um operário de construção nascido em Indianápolis que foi objeto de um artigo do crítico de tecnologia Julian Dibbell. Quando não está trabalhando como carpinteiro, construindo moldes de madeira, Stolle vive no mundo virtual do Ultima Online, um jogo de computador de temática de fantasia no qual cria-se um personagem – ou avatar – que passa a interagir com milhares de outros avatares controlados por outros humanos, conectados ao jogo pela internet. (Para se ter uma ideia, imagine uma versão de Dungeons & Dragons em que você joga com milhares de estranhos do mundo inteiro.) Ultima e games semelhantes, como EverQuest, desenvolveram notórias e vibrantes economias simuladas que começaram a vazar para o mundo real. É possível comprar uma espada mágica ou um terreno – inteiramente feitos de códigos digitais, claro – por centenas de dólares no eBay. Mas obter esses bens da maneira tradicional, no mundo do game, leva tempo – muito tempo. Dibbell descreve o sofrimento por que Stolle passou para que seu avatar, chamado Nils Hansen, comprasse uma casa nova no mundo de Ultima:

> Stolle precisara arranjar dinheiro para fazer a compra. Para consegui-lo, teve de vender a casa antiga. Para obter essa primeira casa, ele já havia passado horas produzindo espadas e armaduras virtuais, vendendo-as para uma clientela constante de cerca de trinta outros jogadores. Para atrair e manter a clientela, precisava fazer com que Nils Hansen alcançasse o nível de Grão-Mestre. Para isso, Stolle passou seis meses dedicado exclusivamente ao ofício de ferraria: ele clicava em uma colina para extrair o minério, ia até uma forja para, com outro clique, converter o minério em lingotes, clicava de novo para transformar os lingotes em armas e armaduras, e então voltava às colinas para começar tudo de novo, cada vez acrescentando minúsculas frações de um ponto percentual ao nível de habilidade de Nils, aproximando-o aos poucos do distante objetivo de 100 pontos e do ilustre título de Grão-Mestre Ferreiro.

> Pare um momento agora, dê um passo para trás e pense no que está acontecendo aqui: todo dia, mês após mês, um homem ia para casa depois de um dia inteiro de trabalho extenuante e repetitivo com martelo e pregos e passava uma noite inteira cansando os dedos em um trabalho repetitivo com "martelos" e "bigornas" – e pagando 9,95 dólares por mês pelo privilégio. Peça a Stolle que explique, e ele tem uma resposta pronta: "Bem, se você gosta, não é trabalho." O que, é claro, leva à pergunta: por que alguém iria gostar disso?

Por quê? Qualquer um que tenha passado várias horas tentando zerar um game conhece o sentimento: chega-se a um ponto em que é preciso completar uma sequência de tarefas a fim de avançar naquele mundo, mas as tarefas em si mais parecem obrigações que entretenimento, coisas que é *preciso* fazer, não algo que se quer fazer: construir estradas e instalar linhas de transmissão, refazer os passos em uma rede de túneis para recuperar um objeto abandonado, conversar com personagens cujas falas já foram decoradas. E, no entanto, grande parte da população que realiza essas tarefas todos os dias é composta justamente por aquele grupo demográfico mais avesso a obrigações. Se você precisa quase trancar seus filhos no quarto para que eles façam o dever de matemática e ameaçar pô-los de castigo para que levem o lixo para a rua, por que então eles querem passar seis meses trabalhando como ferreiros em Ultima? Ouve-se frequentemente que os videogames estão na lista das gratificações instantâneas degradadas abundantes em nossa cultura, junto dos videoclipes vulgares e da *fast-food*. Mas, comparados à maioria das formas de entretenimento popular, os videogames são na verdade gratificação *adiada* – algumas vezes adiada por tanto tempo que se chega a duvidar que algum dia haverá qualquer gratificação.

A medida mais clara dos desafios cognitivos oferecidos pelos videogames modernos é a dimensão da indústria artesanal dedicada à publicação de guias de games, algumas vezes chamados de "detonados", que dão explicações detalhadas, passo a passo, de como completar o game que o está torturando. Quando eu tinha vinte e poucos anos, devo ter gastado quase mil dólares com diversas páginas com macetes, tabelas, manuais e assistência por telefone para me ajudar em minhas tentativas normalmente fúteis de zerar um jogo de videogame. Meu relacionamento com esses textos de referência está muito ligado à minha lembrança de cada jogo, de modo que Riven, a continuação de Myst, me faz lembrar das horas gastas ao telefone, ouvindo a voz gravada do atendimento automático explicar que a alavanca tinha de ser girada 270 graus para que o cano azul pudesse se conectar com a viga, enquanto o divertido Banjo-Kazooie evoca um atlas alegre com vibrantes mapas das fases, como em um livro infantil no qual a história foi substituída por conjuntos de instruções lineares: pule duas vezes no cogumelo e então pegue o medalhão de ouro no fosso. Sei que admitir a quantidade de dinheiro gasta nesses guias parece um pedido de socorro, mas as prateleiras cada vez maiores com esses guias na maioria das lojas de informática são uma prova clara de que não sou o único com esse hábito. O manual do famoso e controverso Grand Theft Auto vendeu 1,6 milhão de exemplares.

Considere esses guias em meio a outras formas de entretenimento popular. Existe uma gama de textos suplementares seguindo os filmes de Hollywood ou as músicas no topo das paradas: perfis de celebridades, letras de canções, resenhas, sites de fãs, comentários em DVDs. Esses textos podem ampliar sua compreensão sobre um filme ou um álbum, mas eles quase nunca são *necessários*. As pessoas não entram no cinema levando guias para consultar à luz de uma lanterna durante o filme. Mas costumam depender desses guias quando jogam um videogame. A forma cultural mais próxima de um guia de videogame é a tradição augusta dos *CliffsNotes*, comercializados como suplementos de leitura aos Grandes Livros. Não há nada de estranho acerca de existência dos *CliffsNotes*: aceitamos tanto o fato de que os Grandes Livros são complicados quanto o de que milhões de jovens devem, mais ou menos contra a vontade, pelo menos fingir que os leram. Portanto, um mercado próspero para os *CliffsNotes*. Os guias de videogame, porém, contrariam nossas expectativas: porque não estamos acostumados a aceitar a complexidade da cultura dos videogames e porque ninguém força os jovens a dominar esses games.

A demanda por esses guias é relativamente nova: não eram necessárias dez páginas para explicar o funcionamento de PacMan, mas duzentas páginas mal fazem justiça a um universo em expansão como EveryQuest ou Ultima. Elas são necessárias porque a complexidade desses mundos pode ser esmagadora: você não consegue passar de uma fase, todas as várias saídas estão trancadas e não há sinal de chaves. Ou a senha para a sala de controle que você achava que tinha encontrado duas horas antes não funciona. Ou pior ainda: você caminha sem destino por corredores, como naquelas cenas de perseguição famosas de *O iluminado*, e não tem nenhuma ideia concreta do que deveria fazer.

Essa desorientação, claro, é o preço da interatividade. Agora você tem mais controle da narrativa, mas a quantidade de informações que possui sobre ela – com quem é preciso falar, onde o pacote misterioso está escondido – é apenas parcial, então, em última análise, jogar um game é procurar preencher essa lacuna de informação. Quando funciona, pode ser o máximo, mas quando não funciona – bem, é aí que você começa a catar moedas para pagar quinze pratas pela folha de macetes. E então você fica curvado sobre a tela do computador, com o guia aberto sobre a mesa, pulando do mundo virtual para os mapas das fases, tentando encontrar o caminho. Depois de certo ponto – talvez quando os mapas acabam se mostrando de pouca ajuda, ou talvez quando você começa a ler os guias durante o jantar –, passa a se perguntar: por que é que isso é divertido mesmo?

SENDO ASSIM, por que alguém se dá o trabalho de jogar essas coisas? Por que usamos a palavra "jogar" para descrever essa tortura? Sempre fico espantado ao ver quanto nosso cérebro está disposto a suportar para alcançar o nível seguinte nesses games. Muitos anos atrás, eu estava de férias com minha família e, num dia chuvoso, decidi apresentar meu sobrinho de sete anos às maravilhas do SimCity 2000, o lendário simulador de cidades que permite bancar o grande urbanista em uma metrópole virtual em expansão. Durante a maior parte do tempo eu controlei o jogo, indicando os pontos de referência enquanto explorava minha pequena cidade. Desconfio que estava sendo um guia um tanto condescendente – tratando o mundo virtual mais como a planta de um modelo de estrada de ferro do que como um sistema complexo. Mas mesmo assim ele estava entendendo a lógica interna do game. Depois de cerca de uma hora mexendo aqui e ali, eu estava tentando recuperar uma zona industrial particularmente degradada. Enquanto eu avaliava minhas opções, meu sobrinho soltou: "Acho que temos que diminuir nossos impostos para a indústria." Ele disse isso de maneira tão casual e confiante que foi como se tivesse dito: "Acho que temos que atirar no bandido."

A questão que me interessa aqui não é se os jogos, tomados em conjunto, são mais complexos do que a maioria das outras experiências culturais dirigidas para as crianças de hoje – acho que a resposta é um enfático sim. A questão é saber por que as crianças estão tão dispostas a absorver tantas informações quando oferecidas na forma de games. Meu sobrinho dormiria em cinco segundos se fosse enfiado em uma aula sobre urbanismo, mas, de alguma forma, uma hora jogando SimCity ensinou-lhe que impostos altos em áreas industriais podem prejudicar o desenvolvimento. Essa é uma experiência poderosa de aprendizado, por razões que iremos explorar nas próximas páginas. Mas vamos começar pela questão mais elementar do desejo. Por que um garoto de sete anos absorve os detalhes da economia industrial sob a forma de game, quando o mesmo assunto o faria fugir da sala de aula aos berros?

As explicações simples para esse mistério não ajudam muito. Alguns falam dos recursos gráficos atraentes, mas os games vêm prendendo nossa atenção desde os tempos de Pong, que era – quanto ao visual – um grande passo atrás em comparação com a televisão ou o cinema, para não falar da realidade. Outros citam a violência e o sexo, mas games como SimCity – e, na verdade, a maioria dos games mais populares de todos os tempos – quase não têm sexo e violência. Outros, ainda, argumentam que o que fisga é a interatividade, o engajamento na construção de uma narrativa própria. Mas, se é a participação ativa o que age como uma droga para estimular a mente, por que a mídia supremamente *passiva* que é a televisão não repele as crianças?

Por que os games cativam? Creio que a resposta envolva uma característica mais profunda presente na maioria deles – uma característica que qualquer pessoa que tenha passado algum tempo nesse mundo reconhecerá de imediato, mas que também está estranhamente ausente na maioria das descrições dos que estão de fora. Para compreender essa característica, é preciso olhar a cultura dos games através da lente da neurociência. Há uma razão lógica para usar essas lentes, é claro: quando se tenta descobrir por que a cocaína vicia, é preciso um modelo da cocaína e um de como o cérebro funciona. O mesmo vale para a questão sobre o forte poder de atração dos games. Explicar esse fenômeno sem um modelo da mente conta apenas metade da história.

Essa ênfase na vida interior do cérebro será tema recorrente nas próximas páginas. Os críticos de cultura costumam especular sobre as mudanças cognitivas induzidas pelas novas formas de mídia, mas raramente fundamentam suas afirmações evocando as descobertas da ciência do cérebro e de outras pesquisas empíricas. Com muita frequência, seus argumentos acabam reduzidos a mera superstição. Quando se tenta entender o efeito de uma nova forma cultural sobre a maneira como vemos o mundo, é preciso poder descrever o objeto cultural de modo relativamente detalhado e também demonstrar como esse objeto transforma a mente que o apreende. Em alguns casos, é possível medir essa transformação com os testes tradicionais de inteligência; em outros, é possível medir as mudanças examinando e mapeando diretamente a atividade cerebral, graças a modernas tecnologias; e, nas situações em que ainda não foram realizadas pesquisas empíricas, é possível fazer especulações baseadas no entendimento de como funciona o cérebro.

Até o momento de publicação deste livro, havia muito poucas pesquisas diretamente sobre a questão de como os games conseguem fazer com que as crianças aprendam sem perceber que estão aprendendo. Mas é possível argumentar que o poder cativante dos jogos está relacionado à capacidade que eles têm de estimular os circuitos naturais do cérebro ligados às recompensas. Devido a seu papel central no que diz respeito a dependência de drogas, os circuitos de recompensa vêm sendo extensamente estudados e mapeados ao longo dos últimos anos. Esses estudos produziram duas noções que podem ajudar na compreensão dos games. Em primeiro lugar, os neurocientistas traçaram uma distinção crucial entre a maneira como o cérebro busca recompensa e como ele produz prazer. Os opioides, analgésicos naturais do corpo, são as drogas de puro prazer do cérebro, enquanto o sistema de recompensa gira em torno das interações do neurotransmissor dopamina com receptores específicos em uma parte do cérebro chamada núcleo *accumbens*.

O sistema de dopamina é uma espécie de contador: registra as recompensas esperadas e envia um alerta – sob a forma de níveis mais baixos de dopamina – quando elas não acontecem como prometido. Quando um fumante habitual se abstém de seu cigarro matutino; quando o figurão de Wall Street não recebe o bônus com que estava contando; quando o assaltante de geladeira descobre que alguém acabou com o sorvete – o desapontamento e a ânsia sentidos por essas pessoas são ativados por uma redução nos níveis de dopamina.

O neurocientista Jaak Panksepp chama o sistema de dopamina de circuitos de "busca" do cérebro, fazendo-nos buscar novas fontes de recompensa em nosso ambiente. No que se refere às conexões do cérebro, o instinto do anseio dispara uma vontade de explorar. Na prática, o sistema diz: "Não conseguiu a recompensa prometida? Quem sabe você tem sorte se procurar um pouco mais – ela deve estar em algum lugar por aqui."

O que essas descobertas têm a ver com games? Há muito tempo os pesquisadores suspeitam que jogos geométricos como Tetris têm tamanho poder hipnótico (jogadores inveterados de Tetris têm sonhos muito vívidos com os blocos) porque as formas elementares deles ativam em nosso sistema visual módulos que executam formas básicas de reconhecimento de padrões – a percepção de linhas paralelas e perpendiculares, por exemplo. Esses módulos estão sempre trabalhando nos bastidores, mas os gráficos simples de Tetris os trazem para o centro do palco de nossa consciência. Acredito que Tetris faça com nossos circuitos visuais o que a maioria dos videogames faz com os circuitos de recompensa do cérebro.

A vida real é cheia de recompensas, o que é uma das razões pelas quais existem tantas formas de vício. É possível ser recompensado com relações amorosas ou sociais, sucesso financeiro, drogas, compras, chocolate e assistindo à vitória de seu time. Mas, sem considerar supermercados e shopping centers, a maior parte da vida transcorre sem que as potenciais recompensas disponíveis estejam definidas claramente. Você sabe que gostaria de receber aquela promoção, mas ela está bem longe, e agora você precisa despachar aquele memorando. As recompensas da vida real costumam flutuar nas margens da existência cotidiana – exceção feita às recompensas primárias da alimentação e do sexo, que viciam mais do que videogames.

No mundo dos games, as recompensas estão por toda parte. O universo está literalmente cheio de objetos que produzem recompensas articuladas de forma muito clara: mais vidas, acesso a novas fases, novos equipamentos, novos encantamentos. As recompensas dos games são fractais; cada escala contém sua própria rede de recompensas, seja quando você está aprendendo a usar o controle, simplesmente tentando resolver um enigma para ganhar mais dinheiro, seja tentando completar o objetivo principal do jogo. No desenvolvimento da interface dos games, a maior parte do trabalho crucial gira em torno de informar os jogadores sobre as recompensas em potencial disponíveis e qual a necessidade atual dessas recompensas. Assim como Tetris organiza o confuso mundo da realidade visual em um conjunto básico de formas interativas, a maioria dos games oferece um mundo ficcional no qual as recompensas são maiores, mais vívidas e definidas mais claramente do que na vida.

Isso vale até para games devidamente reconhecidos por serem abertos. SimCity é famoso por não forçar o jogador a seguir uma linha predeterminada; é possível construir qualquer tipo de comunidade desejada: pequenas aldeias rurais, vastas cidades industriais, distritos metropolitanos ou bairros residenciais. Mas o game tem uma arquitetura sutil de recompensas que desempenha um papel importante em seu potencial viciante: o software reserva um tesouro de objetos e atividades a quem alcança certos níveis predefinidos, seja de população, dinheiro ou popularidade. No SimCity é possível construir praticamente qualquer tipo de ambiente, mas só se pode construir um estádio de beisebol quando se atingir a marca de 50 mil habitantes. Da mesma forma, Grand Theft Auto permite que os jogadores dirijam a esmo por um vasto espaço urbano, criando suas próprias narrativas à medida que exploram o universo. Mas, com toda essa liberdade, ainda assim os jogadores são obrigados a completar uma série de missões predefinidas antes que o acesso a novas áreas da cidade seja concedido. Os próprios games supostamente representativos de formas não estruturadas de controle por parte do usuário acabam instigando-o com recompensas a todo instante.

"Busca" é a palavra perfeita para definir o impulso que esse modelo instila nos jogadores. É claro que você quer ganhar o game, e talvez acompanhar a narrativa completa. Nas etapas iniciais, você talvez fique fascinado pelo visual do game. Mas, na maior parte do tempo, quando já está fisgado pelo jogo, o que o atrai é uma forma elementar de desejo: de *descobrir o que vem a seguir.* Você quer cruzar aquela ponte para ver como é a zona leste da cidade, ou experimentar aquele módulo de teletransporte, ou construir um aquário no porto. Para quem nunca sentiu essa espécie de compulsão, o motivo subjacente pode parecer um pouco estranho: aproveitando a máxima do montanhismo, você quer construir o aquário não porque ele existe, mas sim porque ele não existe, ou, pelo menos, *ainda* não existe. Ele não está ali, mas você sabe – porque já leu o manual ou o guia do game, ou porque a interface o está exibindo – que, caso se empenhe, caso passe um pouco mais de tempo cultivando novos habitantes e examinando o orçamento do ano, poderá desfrutar do aquário.

De certa maneira, a neurociência previu algo que os games confirmam de muito bom grado. Quando se cria um sistema no qual as recompensas são definidas claramente e obtidas à medida que se explora determinado ambiente, ele acaba atraindo o cérebro humano, mesmo que seja constituído de personagens virtuais e calçadas simuladas. O que atrai nesses games não é o tema – se fosse isso, não haveria pessoas de vinte e tantos anos seguindo tramas absurdas do tipo "salve a princesa", como a série best-seller Zelda da plataforma Nintendo. O que instiga esses jogadores é o sistema de recompensas, mantendo presa à tela sua atenção notoriamente dispersa. Nenhuma outra forma de entretenimento oferece semelhante coquetel de recompensa e exploração: não "exploramos" o cinema, a televisão ou a música de qualquer maneira que não seja no sentido mais figurado da palavra. Embora haja recompensas para essas outras formas – na verdade, já se demonstrou que a música ativa a liberação de opioides no cérebro –, elas não têm a embalagem exagerada e tentadora com que os videogames as embrulham.

A esta altura seria razoável objetar que simplesmente demonstrei que os videogames são o equivalente digital do crack. O crack também tem um grande poder sobre o cérebro humano, em parte graças à forma como a droga manipula o sistema de dopamina. Mas isso não faz dele uma coisa boa. Se os jogos foram acidentalmente projetados para se fixar na arquitetura de recompensas de nosso cérebro, que valor positivo estamos obtendo dessa intoxicação? Sem esse valor positivo, a Curva do Dorminhoco não significa nada.

Aqui, mais uma vez, é preciso abandonar as expectativas a respeito das antigas formas culturais para que se possa entender as novas. Os jogadores não estão absorvendo conselhos morais, lições de vida ou elaborados retratos psicológicos. Não estão vivendo experiências emocionais com seus Xbox para além de ocasionais ondas de adrenalina. As narrativas que eles ajudam a criar se equiparam às dos filmes B de Hollywood, o que é impressionante se comparadas às narrativas de PacMan ou Pong, mas ainda são bastante limitadas. Com uma ou outra exceção, o *conteúdo* propriamente dito do game costuma ser infantil ou gratuitamente ameaçador – embora, também, não mais do que um filme *blockbuster* padrão. Simulações sociais e históricas complexas como Age of Empires ou Civilization dominam as paradas de sucesso dos games e, sem dúvida, oferecem algumas informações úteis sobre a Roma antiga ou o planejamento de sistemas de transportes de massa. Porém, muitas das interações no mundo dos videogames alternam-se entre tiroteios e resgate de princesas.

Diminuir a ênfase no conteúdo da cultura dos games não deve ser visto como uma desculpa. Ignoramos o conteúdo de muitas atividades geralmente consideradas benéficas para o cérebro ou o corpo. Ninguém se queixa da trama simplista e militarista dos jogos de xadrez. ("Sempre acaba da mesma maneira!") Ensinamos álgebra para as crianças sabendo muito bem que, assim que saírem da sala de aula, 99% delas jamais voltarão a usar suas habilidades algébricas. Aprender álgebra não significa adquirir uma ferramenta específica; significa criar uma musculatura mental que será útil em outras situações. Você não vai à academia por estar interessado em aprender o funcionamento de um aparelho de ginástica; você vai à academia porque operar um aparelho de ginástica traz benefícios a seu corpo, os quais são aproveitados nas muitas horas da semana passadas fora da academia.

O mesmo vale para os games. Não se trata *do que* você está pensando quando joga game, mas sim *da maneira* como você pensa. Essa distinção não é exclusiva dos games, claro. Vejam o que diz John Dewey em seu livro *Experiência e educação*: "Talvez a maior de todas as falácias pedagógicas seja a noção de que uma pessoa aprende apenas aquela coisa específica que está sendo estudada no momento. O aprendizado colateral, ou seja, a formação de atitudes duradouras, de preferências e aversões, pode ser, e muitas vezes é, muito mais importante do que a lição de ortografia, geografia ou história aprendida. Porque, fundamentalmente, no futuro são essas atitudes que contam."

É bem aqui que temos de traçar nosso retrato do rinoceronte da maneira mais precisa possível: ao definir o aprendizado colateral que vai além do conteúdo explícito da experiência. Comecemos com o básico: muito mais do que os livros, o cinema e a música, os games obrigam o jogador a tomar *decisões*. Os romances podem ativar a imaginação, e a música pode despertar emoções poderosas, mas os games forçam a pessoa a decidir, a escolher, a priorizar. Todos os benefícios intelectuais do game derivam dessa virtude fundamental, porque aprender a pensar é, em última análise, aprender a tomar as decisões corretas: comparar indícios, analisar situações, consultar objetivos de longo prazo e então decidir. Nenhuma outra forma cultural pop exige o mesmo tipo de atividade do aparato decisório do cérebro. Vista de fora, a atividade primária de um jogador parece um furioso clicar e atirar, e é por isso que uma parte tão grande do pensamento convencional a respeito de videogames se concentra na coordenação visual-motora. Mas, quando se espia dentro da mente de um jogador, a atividade primária acaba sendo uma coisa completamente distinta: tomar decisões, algumas vezes imediatas, outras levando em consideração estratégias de longo prazo.

Essas decisões baseiam-se em dois modos de trabalho intelectual que são a chave para o aprendizado colateral nos videogames. Chamo-os de *sondagem* e *telescopia*.

A MAIORIA DOS VIDEOGAMES difere de jogos tradicionais como xadrez ou Banco Imobiliário na maneira como restringe o acesso a informações sobre as regras subjacentes ao sistema. Quando se passa da fase de iniciante no xadrez, as regras do jogo não contêm qualquer ambiguidade: sabe-se exatamente quais movimentos são permitidos para cada peça e quais procedimentos fazem com que uma peça capture outra. A pergunta que o jogador encara quando se senta diante de um tabuleiro não é "quais são as regras aqui?", e sim "que tipo de estratégia posso imaginar para explorar melhor essas regras?".

No mundo dos videogames, por outro lado, raramente as regras são estabelecidas por completo antes de o jogador começar a sessão. São oferecidas algumas instruções básicas sobre como manipular objetos ou personagens na tela e uma noção sobre algum tipo de objetivo imediato. Porém, muitas das regras – qual é seu objetivo principal e que técnicas estão disponíveis para alcançá-lo – só ficam claras à medida que se explora aquele mundo. Literalmente aprende-se jogando. Essa é uma das razões pelas quais os videogames podem ser frustrantes para os não iniciados. Você se senta ao computador e pergunta: "O que devo fazer?" Quem costuma jogar vai responder: "Você precisa descobrir o que precisa fazer." Deve-se sondar as profundezas da lógica do game para compreendê-lo, e, tal como a maior parte das expedições de sondagem, obtêm-se resultados por tentativa e erro, descobrindo coisas por acidente, seguindo palpites. Em quase todas as demais atividades que descrevemos usando a linguagem dos jogos – pôquer, beisebol, gamão, pique-bandeira –, qualquer ambiguidade nas regras e nos objetivos do jogo seria uma falha fatal. Nos videogames, por outro lado, é uma parte essencial da experiência. Muitas narrativas de videogames contêm mistérios inspirados em temas de Hollywood – Quem matou meu irmão? Quem roubou o plutônio? –, mas, em última análise, o mistério que instiga os jogadores cada vez mais para dentro do mundo dos games é mais autorreferente: como se joga isto? Os não iniciados geralmente imaginam que dominar um game é, sobretudo, uma questão de aprender a apertar os botões mais rapidamente, o que, sem dúvida, explica os clichês sobre "coordenação visual-motora". Mas para muitos games populares a chave essencial para o sucesso está em decifrar as regras, não em manipular controles.

A sondagem também envolve uma forma matizada de exploração, que muitas vezes opera fora da percepção consciente. Os videogames, obviamente, diferem de jogos tradicionais como xadrez e basquete, porque todo o ambiente do jogo é criado por um computador. Regras explícitas são parte essencial desse ambiente: você aprende que só tem três vidas, ou que não pode construir uma marina antes de ter 50 mil habitantes, ou que não pode abrir o portão no terceiro nível se não tiver encontrado a chave no segundo. Algumas dessas regras são aprendidas com a leitura do manual; outras precisam ser descobertas ao longo do jogo. Mas o computador faz mais do que apenas fornecer regras claramente definidas; ele gera um mundo inteiro, com biologia, luz, economia, relações sociais, clima. Chamo isso de *física* do mundo virtual – em oposição às regras do jogo –, embora esse tipo de física vá bem além das curvas de aceleração e da gravidade.

Estamos sondando a física de um mundo quando começamos a detectar padrões e tendências sutis na maneira como o computador executa a simulação. Às vezes, isso tem a ver com massa e velocidade: você não pode saltar sobre o cânion se estiver usando armadura; o lança-foguetes é a única arma com alcance suficiente para ser disparada a partir da parte de trás da fortaleza. Às vezes, tem a ver com fisiologia: você perde mais sangue se estiver ferido no peito do que nas pernas; você pode saltar de qualquer altura sem que seu personagem se machuque. Às vezes, trata-se de comportamento coletivo: seus vizinhos ficam mais tempo na festa se você tiver um *jukebox* e uma lâmpada de lava; os robôs invasores tendem a atacar pela direita quando você pousa pela primeira vez no planeta. Quando meu sobrinho sugeriu a redução dos impostos sobre a indústria em meu jogo de SimCity, ele estava sondando a física do jogo. Eu lhe havia explicado as regras oficiais: os jogadores podem alterar os impostos em diferentes zonas. A física era mais vaga, intuitiva: se você reduzir os impostos em determinada área, normalmente vai acontecer algum tipo de crescimento ali, supondo que as outras variáveis – energia, água, crimes – não impeçam o desenvolvimento.

James Paul Gee, pesquisador especializado em videogames, divide a sondagem em um processo de quatro partes, que ele chama de ciclo de "sondar, criar hipóteses, sondar de novo, repensar":

1. O jogador deve *sondar* o mundo virtual (o que significa explorar o ambiente atual, clicar em alguma coisa ou realizar determinada ação).
2. A partir da reflexão feita durante a sondagem e depois dela, o jogador deve formular uma *hipótese* sobre que significado útil pode haver em algo (um texto, um objeto, um artefato, um evento ou uma ação).
3. O jogador *sonda de novo* o mundo considerando aquela hipótese, vendo o efeito resultante.
4. O jogador trata esse efeito como informação dada pelo mundo e aceita ou *repensa* a hipótese original.

Em outras palavras: quando os jogadores interagem com esses ambientes, estão aprendendo o procedimento básico do método científico.

Muitas vezes, a sondagem assume a forma de pesquisa dos limites da simulação, os pontos onde a ilusão de realidade rui e torna-se possível sentir que tudo não passa de um monte de algoritmos atrás das cortinas. O primeiro exemplo famoso desse fenômeno surgiu no início da década de 1980 com o PacMan, um jogo de fliperama imensamente popular. O jogo tinha suas regras, que de tão simples podiam ser expressadas em três frases: devore todos os pontos para completar uma fase; evite os monstros, a menos que tenha comido um dos pontos grandes, quando se torna possível comer os monstros; coma os prêmios para ganhar pontos adicionais. Mas os jogadores experientes de PacMan logo descobriram que os monstros vagavam pelo labirinto de maneira previsível, e se fosse seguido determinado curso – literalmente chamado de "padrão" – a fase podia ser concluída sempre sem que se perdesse uma vida. Os padrões não estavam nas regras oficiais do jogo; eram resultado da limitada capacidade computacional dos fliperamas e da maneira previsível com que o comportamento dos monstros havia sido programado. Para detectar tais limitações, era preciso sondar o PacMan jogando centenas de vezes, experimentando estratégias diferentes até que uma sequência se revelasse.

A sondagem dos limites da física do game é outra faceta frequentemente ignorada da cultura dos games. Imagino que a maioria dos jogadores mais obstinados admitiria que o prazer de suas imersões resulta parcialmente desse tipo de busca pelos pontos nos quais o sistema mostra suas falhas – em parte porque tais falhas podem ser exploradas, como é o caso dos padrões do PacMan, mas também porque há algo de estranhamente gratificante em definir os limites de uma simulação, saber do que ela é capaz e quando ela não funciona. Algumas pessoas acham interessante esse tipo de exploração na vida comum: são aquelas que gostam de abrir o capô do carro para examinar o motor, ou que decoram comandos de UNIX. Mas os videogames *forçam* o jogador a especular sobre o conteúdo sob o capô. Se você não pensa na mecânica subjacente à simulação – mesmo que seja de maneira semiconsciente –, não vai durar muito no jogo. Você tem que sondar para progredir.

Na época eu não tinha uma palavra para isso, é claro, mas agora percebo que meu passeio pelo universo do beisebol com dados era uma maneira de sondar a física daqueles jogos primitivos. Eu precisara aprender as regras explícitas de cada simulação, mas o momento realmente fascinante acontecia quando eu começava a rolar os dados e gerar resultados. Só ao jogar as simulações é possível sentir seu realismo. Em geral, era preciso passar por várias partidas de um campeonato até que as imperfeições se revelassem: uma simulação apontava rebatedores que eram eliminados com muita frequência; outra permitia que rebatedores muito fortes gerassem uma média implausível de dois *home runs* por jogo. Eu estava detectando falhas naqueles sistemas, mas ainda assim havia alguma coisa profundamente gratificante na experiência. Descobrir aquelas imperfeições era como resolver um mistério, enxergar além da ilusão superficial das cartas de jogadores e das tabelas e penetrar na verdade íntima do sistema.

UMA DAS MELHORES MANEIRAS de perceber as virtudes cognitivas dos games é pedir que jogadores dedicados descrevam em que estão pensando quando estão no meio de uma aventura virtual longa como Zelda ou Half-Life. É crucial perguntar não o que está acontecendo no mundo do game, mas dentro da cabeça dos jogadores: que problemas eles estão tentando solucionar, que objetivos estão tentando alcançar. Em minha experiência, a maioria dos jogadores estará mais inclinada a mostrar do que narrar a sondagem que fizeram; eles internalizarão falhas ou padrões da simulação sem se dar conta completamente do que fazem. Simplesmente *sentem* que certas estratégias são corretas.

Mas, se a sondagem dos jogadores é semiconsciente, sua percepção dos *objetivos* secundários do jogo é clara como água. Eles serão capazes de fazer um relato explícito do que precisam executar para atingir as metas apresentadas pelo jogo. A princípio, muitas dessas metas são obscuras, mas ao longo do caminho os jogadores terão uma espécie de lista de tarefas que governa sua estratégia. Se a sondagem trata de profundidade, de explorar a lógica oculta da simulação, então determinar os objetivos é uma espécie de pensamento temporal, uma ânsia para revelar todos os obstáculos existentes entre o jogador e o fim do jogo.

Determinar os objetivos parece algo bem simples. Se você parou de jogar no começo da década de 1990, ou se conhece os games apenas através de relatos de terceiros, provavelmente vai supor que os objetivos secundários devem ser alguma coisa como "atire naquele cara ali!", "fuja dos monstros azuis!" ou "ache a chave mágica!".

Mas interrompa um jogador no meio de Zelda e pergunte quais são seus objetivos, e a resposta será muito mais interessante. Interessante por duas razões: primeiro, simplesmente o número de objetivos que existem ao mesmo tempo; segundo, a maneira interdependente e hierarquizada com que esses objetivos devem ser organizados mentalmente. Para efeitos de comparação, vejamos como seria o raciocínio de um jogador de Pac-Man no meio de um jogo por volta de 1981:

1. Mover o controle para...
    2. Comer todos os pontos para...
        3. Alcançar a próxima fase para...
            4. Chegar à fase 256 (a última) ou atingir um novo recorde de pontuação.

Esses objetivos poderiam ficar um pouco mais complicados se acrescentássemos uma nova subcategoria, resultando nisto:

1. Seu objetivo final é acabar com todos os pontos.
    2. Seu objetivo imediato é completar o labirinto atual.
        3. Para fazer isso, é preciso mover-se pelo labirinto utilizando o controle e evitar os monstros.
            3a. É possível também eliminar os monstros comendo os pontos grandes.
                3b. É possível também comer a fruta para ganhar pontos de bônus.

Um jogo do mundo real, como damas, geraria uma lista de relativa simplicidade:

1. O objetivo é capturar todas as peças do adversário.
    2. Para fazer isso, deve-se mover uma peça de cada vez, capturando peças quando possível.
        2a. Pode-se também trazer de volta as peças capturadas pelo adversário alcançando o outro lado do tabuleiro.

Um mapa dos objetivos de The Wind Waker, um dos jogos da série Zelda, é bem diferente:

1. O objetivo final é resgatar sua irmã.
    2. Para isso, é preciso derrotar o vilão Ganon.
        3. Para isso, é preciso obter armas lendárias.
            4. Para localizar as armas, precisa-se da pérola de Din.
                5. Para conseguir a pérola de Din, é preciso atravessar o oceano.
                    6. Para atravessar o oceano, precisa-se de um barco.
                        7. Para fazer tudo isso acima, é preciso permanecer vivo e saudável.
                            8. Para fazer tudo isso acima, é preciso mover o controle.

Os oito itens podem ser divididos em dois grupos, que se relacionam com o presente imediato de forma ligeiramente distinta. Os dois últimos itens (7 e 8) são de natureza quase metabólica, o básico da autopreservação virtual: manter o personagem vivo, com o máximo de energia e, sempre que possível, cheio de dinheiro. Como muitos outros comportamentos fundamentais de sobrevivência, alguns desses objetivos exigem um bocado de treinamento – por exemplo, conhecer a interface de navegação e organizá-la no controle –, mas, depois que eles estiverem dominados, o jogador não necessariamente vai precisar pensar no que está fazendo. O conhecimento foi automatizado ou internalizado, da mesma forma como anos atrás foram aprendidas coisas como correr, escalar ou falar.

Para além do horizonte dessas necessidades imediatas ficam os seis objetivos básicos restantes. Eles são antecipações que incrementam o presente imediato. São como constelações guiando seu navio por águas desconhecidas. Perca-as de vista e acabará ficando à deriva.

Mas esses objetivos básicos quase nunca são o principal ponto focal do jogador, porque a maior parte do tempo é gasta com problemas menores que dificultam a conquista dos objetivos primários. Nesse sentido, nossa lista de oito objetivos interdependentes é uma simplificação grosseira da efetiva solução de problemas em um game como Zelda. Se nos concentrarmos em apenas um desses objetivos – encontrar a pérola de Din –, a lista dos objetivos que desfilam pela cabeça do jogador seria algo assim:

Para localizar os objetos, é preciso conseguir a pérola de Din com os ilhéus.
Para isso, é preciso ajudá-los a resolver o problema deles.
Para isso, é preciso alegrar o Príncipe.
Para isso, é preciso obter uma carta da garota.
Para isso, é preciso encontrar a garota na aldeia.

Com a carta para o Príncipe, agora é preciso fazer amizade com o Príncipe.
Para isso, é preciso ir ao topo da montanha Ninho de Dragão.
Para isso, é preciso passar para o outro lado da garganta.
Para isso, é preciso encher a garganta de água a fim de que seja possível nadar para o outro lado.
Para isso, é preciso usar uma bomba para explodir a pedra que está represando a água.
Para isso, é preciso fazer a planta de bombas crescer.
Para isso, é preciso pegar água com uma jarra dada pela garota.
Uma vez do outro lado, é preciso atravessar a lava.
Para isso, é preciso derrubar estátuas nos dois lados da lava.
Para isso, é preciso jogar as bombas dentro de buracos nas estátuas.
Para isso, é preciso pegar bombas e mirá-las.
Depois de passar a lava, é preciso entrar na caverna.
Para isso, é preciso afastar as estátuas do caminho.
Depois de chegar à caverna, é preciso passar para a outra sala.
Para isso, é preciso matar os guardas que estão no caminho.
Para isso, é preciso lutar usando o controle.
Para isso, é preciso conseguir uma chave para a porta trancada.
Para isso, é preciso acender as duas tochas da sala.
Para isso, é preciso conseguir seu próprio fogo.
Para isso, é preciso pegar um bastão e acendê-lo.

Vou poupá-los da sequência completa desse único objetivo, que inteiro poderia continuar por mais uma página. E, lembre-se, isso é apenas um vislumbre de mais ou menos uma hora de atividade em um game que exige em média quarenta horas para ser zerado. E lembre-se também de que o jogador precisa decifrar quase todos esses objetivos por conta própria, supondo-se que não esteja consultando um guia. Esses objetivos locais formam a textura primária do game; é neles que se passa a maior parte do tempo. Às vezes os jogadores chamam essas unidades formadas por tais passos de "quebra-cabeça". Chega-se a um ponto no jogo em que se sabe que é preciso fazer alguma coisa, mas o caminho está obstruído por outra coisa, e as convenções do jogo indicam que foi encontrado um quebra-cabeça. O jogador não está perdido ou confuso; pelo contrário, está precisamente no caminho certo – só que os ardilosos desenvolvedores do game deixaram um quebra-cabeça no meio daquele caminho.

Ao trabalho mental de administrar todos esses objetivos simultâneos dou o nome de "telescopia", pela maneira como os objetivos se encaixam uns nos outros tal qual um telescópio recolhido. Gosto do termo também porque parte dessa habilidade consiste em dar atenção a problemas imediatos, mantendo, ao mesmo tempo, uma visão de longa distância. Não é possível progredir muito em um game se os quebra-cabeças encontrados pelo caminho forem sendo simplesmente resolvidos; é preciso coordená-los com os objetivos finais que estão no horizonte. Jogadores de talento conseguem manter em mente todos esses diversos objetivos ao mesmo tempo.

Telescopia não deve ser confundida com multitarefa. Manter em mente essa sequência de objetivos interligados e interdependentes não é a mesma coisa que o personagem clássico do adolescente multitarefa, que ouve o iPod enquanto envia torpedos para os amigos e pesquisa na internet para fazer um trabalho da escola. Multitarefa é a habilidade de controlar uma corrente caótica de objetivos não relacionados. Telescopia tem a ver com ordem, não com caos; significa construir a hierarquia adequada de tarefas e percorrê-las na sequência correta. É perceber relações e determinar prioridades.

Embora a telescopia envolva uma sequência, a sensação que ela produz no cérebro não é, acho eu, de *narrativa*. As narrativas possuem camadas, sem dúvida, que inevitavelmente giram em torno de uma mistura de presente e futuro, entre o que está acontecendo agora e a questão tentadora de saber o resultado daquilo tudo. Mas as narrativas são feitas de eventos, não tarefas. Elas acontecem *com* você. No mundo dos games, o jogador é forçado a definir e executar tarefas; se as definições ficarem vagas ou mal-organizadas, haverá dificuldades no jogo. É possível desfrutar a leitura de um livro sem se concentrar explicitamente no caminho que a narrativa vai tomar nos dois capítulos seguintes, mas no mundo dos games precisa-se tanto desse planejamento a longo prazo quanto de foco no presente. Em certo sentido, a analogia mais próxima da maneira como os jogadores pensam é o modo como os programadores pensam quando escrevem códigos: uma série interdependente de instruções com diversas camadas, algumas voltadas para as tarefas básicas de obtenção e armazenamento de informações na memória, outras para funções de nível mais alto, como a representação da atividade do programa para o usuário. Um programa é uma sequência, mas não uma narrativa; jogar videogame gera uma série de eventos que desenham uma narrativa em retrospecto, mas os prazeres e os desafios do jogo não equivalem aos prazeres de acompanhar uma história.

A arte de sondagem e telescopia tem algo de profundamente *parecido com a vida*. A maioria dos videogames se passa em mundos deliberadamente fantasiosos, e mesmo os games mais realistas não se comparam à vívida e detalhada ilusão de realidade que livros ou filmes concebem para nós. Mas nossas vidas não são histórias, pelo menos não no tempo presente – não somos consumidores passivos de uma trama narrativa. (Transformamos nossas vidas em histórias após o fato, depois que as decisões foram tomadas e os eventos se desdobraram.) Na verdade, sondamos novos ambientes em busca de regras e padrões ocultos; construímos hierarquias "telescopadas" de objetivos que orientam nossa vida tanto a curto quanto a longo prazo. As narrativas tradicionais têm muito a nos ensinar, é claro: elas podem incrementar nossos poderes de comunicação e nossa compreensão da psique humana. Mas, se a intenção fosse desenvolver uma forma cultural explicitamente para treinar os músculos cognitivos do cérebro, e se fosse necessário escolher entre um dispositivo que treinasse a habilidade mental de seguir eventos narrativos e outro que estimulasse as capacidades mentais de sondagem e telescopia – bem, digamos apenas que é uma sorte não precisarmos fazer essa escolha.

Mesmo assim, suspeito que alguns leitores talvez se incomodem com aquela questão dos objetivos de Zelda. Mais uma vez, o problema consiste em decidir se devemos levar os games a sério com base em padrões estéticos concebidos para avaliar literatura ou dramaturgia. Consideremos esta sequência de nosso inventário de telescopia:

> Com a carta para o Príncipe, agora é preciso fazer amizade com o Príncipe.
>
> > Para isso, é preciso ir ao topo da montanha Ninho de Dragão.
> >
> > > Para isso, é preciso passar para o outro lado da garganta.
> > >
> > > > Para isso, é preciso encher a garganta de água para que seja possível nadar para o outro lado.
> > > >
> > > > > Para isso, é preciso usar uma bomba para explodir a pedra que está represando a água.
> > > > >
> > > > > > Para isso, é preciso fazer a planta de bombas crescer.
> > > > > >
> > > > > > > Para isso, é preciso pegar água com uma jarra dada pela garota.

Se tratarmos essa descrição com expectativas estéticas tomadas do mundo da literatura, o conteúdo parece uma brincadeira de criança: detonar bombas para alcançar a montanha Ninho de Dragão; regar plantas explosivas. Um professor de literatura do ensino médio diria diante disso: aqui não há densidade psicológica, conflito moral, poesia. E ele teria razão! Mas uma comparação desses jogos com *Ilíada*, *O grande Gatsby* ou *Hamlet* se baseia em uma premissa falsa: a de que a inteligência desses games está em seu conteúdo, nos temas e personagens representados. Eu argumentaria que os desafios cognitivos dos games oferecem uma comparação muito mais útil com outro gênero educativo de que todos nos lembramos dos dias de escola:

> Simon está realizando uma experiência sobre probabilidades. De um conjunto de etiquetas numeradas de 1 a 100 ele retira uma ao acaso e então a devolve. Ele está tentando tirar uma etiqueta com o seu número favorito, 21. Após 99 tentativas, ele ainda não a retirou.
>
> Qual é a probabilidade de ele a pegar na centésima tentativa?
>
> (a) 1 em 100
>
> (b) 99 em 100
>
> (c) 1 em 1
>
> (d) 1 em 2

Julgada pelos padrões usados pelo professor de literatura, esse trecho – retirado de uma prova de matemática de ensino médio – seria um fracasso total. Quem é esse Simon? Nada sabemos sobre ele; ele é um enigma, um acessório. A prosa não tem floreios, nada além de fatos estéreis que descrevem uma atividade realmente inútil. Por que alguém haveria de numerar cem etiquetas e então, a esmo, tentar puxar um número favorito? Qual é a motivação de Simon?

Enunciados como aquele têm pouco a oferecer quanto a lições morais ou densidade psicológica; eles não fazem com que os alunos se tornem comunicadores mais eficazes nem lhes ensinam habilidades técnicas. Mas a maioria de nós concorda que eles beneficiam a mente em algum nível fundamental: ensinam habilidades abstratas de probabilidade, reconhecimento de padrões e compreensão de relações causais que podem ser aplicadas a incontáveis situações, tanto pessoais como profissionais. Os problemas enfrentados pelos jogadores de Zelda podem ser facilmente traduzidos para essa estrutura, e, de fato, a tradução revela uma característica essencial da experiência:

> Você precisa atravessar uma garganta para alcançar um destino importante. Em uma das extremidades da garganta há uma grande pedra bloqueando o fluxo da água de um rio. Em volta da pedra há várias flores pequenas. Um personagem lhe entregou uma jarra. Como você pode atravessar a garganta?

(a) Pule por cima.

(b) Carregue pequenas quantidades de água do rio, derrame na garganta e então nade para o outro lado.

(c) Regue as plantas e use as bombas que elas geram como frutos para explodir a pedra e liberar a água, e então nade para o outro lado.

(d) Volte e veja se não esqueceu algum item importante em uma cena anterior.

Também aqui a coisa menos interessante no texto é a substância da história. Talvez seja possível meditar sobre a dramática ironia inerente a flores que geram bombas ou analisar a relação de economia do dom introduzida pela crucial doação da jarra. Mas essas interpretações não serão muito proveitosas, porque o importante aqui não é o conteúdo do mundo de Zelda, mas a maneira como esse mundo foi organizado para exigir do jogador habilidades de solução de problemas. Não há dúvida de que o prazer dos games vai além desse tipo de solução de problemas; os objetos e as texturas dos mundos oferecem ricas experiências estéticas; muitos jogos em rede resultam em intercâmbios sociais curiosos; a inteligência artificial embutida em alguns personagens virtuais produz cada vez mais interações espantosas. Mas, em última análise, isso tudo é distração. Não se progride no game sem aprender as regras do ambiente. No nível mais simples, o jogador de Zelda aprende como gerar bombas a partir de flores. Mas o aprendizado colateral da experiência oferece uma recompensa muito mais profunda: a capacidade de sondagem e telescopia em situações difíceis e variáveis. Não é *qual* o pensamento do jogador, mas *como* ele pensa.

À primeira vista, pode parecer tentador relacionar a complexidade dos videogames com a ideia mais familiar de "excesso de informação", associada ao crescimento da mídia eletrônica. Mas existe uma diferença crucial. Excesso de informação é uma espécie muito comum de falso elogio à cultura atual: há dados demais fluindo em nossa vida, mas pelo menos estamos melhorando nossa administração dessa torrente de informações, mesmo se estivermos nos aproximando de algum limiar a partir do qual nossos sentidos serão simplesmente soterrados. Esse é um argumento quantitativo, não qualitativo. É bom poder ver TV, falar ao telefone e ler e-mails ao mesmo tempo, mas isso é uma habilidade rasa, não profunda. Geralmente tem a ver com uma passada de olhos pela superfície dos dados recebidos, pegando os detalhes relevantes e avançando para a torrente seguinte. Linda Stone, pioneira em multimídia, cunhou uma expressão preciosa para esse tipo de processamento: atenção parcial contínua. Você está prestando atenção, mas apenas parcialmente. Isso permite estender uma rede mais larga, mas também apresenta o risco de impedir um estudo cuidadoso do peixe.

Sondagem e telescopia representam outra tendência – igualmente importante – na cultura: o surgimento de formas que encorajam pensamento e análise participativos, formas que estimulam a mente a dar sentido a um ambiente, e não apenas a tentar acompanhar a curva de aceleração. Acho que, para muitas pessoas que não têm experiência com games, eles parecem ser uma extensão das técnicas de edição visual com sequências rápidas inaugurada pela MTV há mais de vinte anos: um aumento cataclísmico de imagens por segundo sem aumento correspondente de análise ou compreensão. Mas o fato não é que o olho aprende a interpretar todas as imagens que vão aparecendo e passa a perceber novas relações entre elas. Na verdade, o olho aprende a tolerar o caos, a vivenciar a desordem como experiência estética, assim como o ouvido aprendeu a apreciar a distorção na música uma geração antes. Para não jogadores, os games têm uma ligeira semelhança com clipes musicais: um visual ostensivo; a combinação de camadas de imagem, música e texto; alguns surtos de velocidade, em especial nas sequências pré-renderizadas de abertura. Mas o que de fato se *faz* quando se joga videogame – a maneira como a mente tem de funcionar – é radicalmente distinto. A questão não é tolerar ou estetizar o caos; é encontrar ordem e significado no mundo e tomar decisões que ajudem a criar essa ordem.

Televisão

A NATUREZA INTERATIVA dos games implica que eles sempre exigirão mais tomadas de decisão do que as formas passivas como televisão ou cinema. Mas os programas populares de televisão – e, em extensão um pouco menor, os filmes populares – também têm cobrado mais esforço cognitivo dos espectadores, exercitando a mente de maneiras que trinta anos atrás seriam inéditas. Para alguém que acompanhe, mesmo de longe, o debate sobre o impacto cultural da mídia, a ideia de que a televisão esteja, na verdade, melhorando nossa mente pode parecer uma apostasia. É impossível passar alguns minutos navegando na internet ou folheando revistas em uma banca de jornal sem ver alguém se queixar sobre o surto de sexo e violência na TV: de Tony Soprano a Janet Jackson. Não há dúvida de que a tendência é bem real, embora ela seja tão antiga quanto a própria televisão. Em seu famoso discurso em 1961 sobre a "vasta terra de ninguém", Newton Minow descreveu o conteúdo da programação de TV daquela época como uma "procissão de ... sangue e trovão, caos, violência, sadismo, assassinato" – isso na era de Andy Griffith, Perry Como e Tio Miltie. Mas não se pode limitar a avaliação dos méritos sociais de qualquer mídia e de sua programação apenas a sua temática. Não havia nada de particularmente redentor na temática dos meus jogos de beisebol com dados, mas, ainda assim, eles me ensinaram a pensar de maneiras novas e poderosas. Então, se vamos começar a caçar palavrões e problemas de vestuário, deveríamos pelo menos incluir outra linha no gráfico: uma que ilustre as demandas cognitivas que as narrativas televisivas apresentam para seus espectadores. Essa linha também está crescendo a uma taxa impressionante.

A televisão pode ser mais passiva do que os videogames, mas existem graus de passividade. Algumas narrativas obrigam o espectador a fazer algum esforço para compreendê-las, enquanto outras simplesmente permitem que ele se acomode na poltrona e se desligue. Parte desse esforço cognitivo decorre da necessidade de acompanhar diversos fios narrativos, de distinguir claramente enredos que muitas vezes formam tramas densamente entrelaçadas. Mas outra parte consiste na atividade do espectador para "preencher as lacunas": compreender informações deliberadamente incompletas ou obscuras. Narrativas que exigem dos espectadores o trabalho de acrescentar elementos cruciais levam a complexidade a um nível mais desafiador. Para seguir a narrativa, é preciso mais do que lembrar. É preciso analisar. Essa é a diferença entre programas inteligentes e programas que obrigam o espectador a ser inteligente. Em muitos programas clássicos da televisão americana que costumam ser associados a entretenimento de "qualidade" – *Mary Tyler Moore Show*, *Murphy Brown*, *Frasier* – a inteligência se apresenta completamente formada nas falas e nas ações dos personagens na tela. Eles dizem coisas sagazes uns para os outros e evitam clichês surrados de comédias, e sorrimos ao vê-los de nossa sala, desfrutando a companhia dessas pessoas espertas. Mas, considerando que sejamos perspicazes o bastante para entender as frases ditas por eles – sendo que poucas delas são muito complexas, ou sequer ligeiramente intricadas –, não é preciso qualquer trabalho intelectual para aproveitar o programa enquanto espectadores. Não há lacunas a preencher, porque a produção intelectual está somente do outro lado da tela. Assistir a esses programas inteligentes não exige da mente mais do que a transmissão de uma partida de futebol exige do corpo. O trabalho intelectual acontece dentro da tela, não do lado de fora.

Mas outro tipo de inteligência televisiva está em ascensão. Lembremos os benefícios cognitivos convencionalmente atribuídos à leitura: atenção, paciência, retenção, análise de linhas narrativas. Ao longo do último meio século de domínio da televisão na cultura de massa, tem havido, na programação da TV, um aumento constante da demanda precisamente sobre essas faculdades mentais. Pela própria natureza do meio, a televisão jamais melhorará a capacidade dos espectadores de dar significado a letras e talvez não ative a imaginação da mesma maneira que uma forma puramente textual. Mas em todos os outros modos de exercício mental associados à leitura a televisão está ficando cada vez mais rigorosa. E o ritmo está acelerando – graças a mudanças na economia do negócio da televisão e na tecnologia da qual dependemos para assistir a ela.

Provavelmente essa tendência positiva seria suficiente para surpreender uma pessoa que apenas lê descrições populares sobre TV sem ver nada de sua programação. Mas talvez o mais surpreendente seja o seguinte: os programas que mais exigiram de seus espectadores acabaram também sendo alguns dos mais lucrativos na história da televisão.

Deixemos de lado por enquanto o porquê de o mercado recompensar a complexidade e nos concentremos primeiro nos atributos dessa complexidade. Ela envolve três elementos primários: multiplicidade de linhas, setas chamativas e redes sociais.

Multiplicidade de linhas é a convenção estrutural mais aclamada da programação televisiva moderna, o que é irônico, porque é também a convenção de pior pedigree. Segundo a história da televisão, a era da multiplicidade de linhas começou em 1981, com a estreia do drama policial *Chumbo grosso* (*Hill Street Blues*), uma produção de Steven Bochco invariavelmente elogiada por seu "realismo cru". Compare um episódio de *Chumbo grosso* com qualquer programa famoso de décadas anteriores – *Starsky & Hutch*, por exemplo, ou *Dragnet* – e a transformação estrutural saltará aos olhos. Os programas mais antigos seguem um ou dois protagonistas, mantêm uma única trama dominante e chegam a uma conclusão decisiva ao final do episódio. Faça um esquema dos fios narrativos de quase todos os episódios de *Dragnet* e o resultado será uma única linha: da cena do crime inicial, passando pela investigação, chegando por fim à solução do caso. Um episódio típico de *Starsky & Hutch* oferece uma variação mínima dessa fórmula linear: a introdução de uma subtrama cômica que geralmente aparece no começo e no final do episódio, criando uma estrutura que se assemelha ao gráfico a seguir. O eixo vertical representa o número de temas individuais, e o eixo horizontal é o tempo.

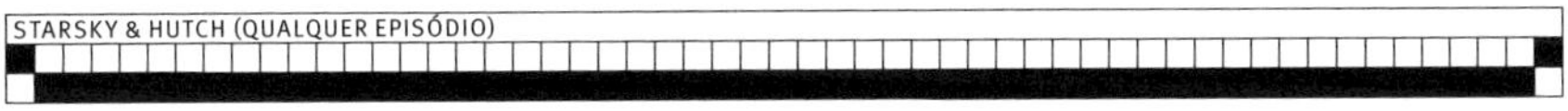

Starsky & Hutch inclui ainda algumas outras variações: enquanto ambos os programas centram-se quase que exclusivamente em uma única narrativa, *Dragnet* conta a história apenas pela perspectiva dos investigadores. *Starsky & Hutch*, por outro lado, oscila entre a perspectiva dos policiais e a dos criminosos. E, embora ambos os programas sigam rigorosamente o princípio da autonomia narrativa – as tramas começam e acabam em um único episódio –, *Dragnet* leva esse princípio ao extremo, apresentando em cada episódio a situação e os personagens principais com a famosa voz em *off* de Joe Friday.

Um episódio de *Chumbo grosso* complica o quadro de muitas maneiras profundas. A narrativa tece um conjunto de fios distintos – chegando algumas vezes a dez, embora pelo menos metade deles seja apenas algumas cenas rápidas espalhadas ao longo do episódio. A quantidade de personagens principais – e não apenas os pequenos papéis – varia dramaticamente. E o episódio tem fronteiras pouco claras: no início toma uma ou duas linhas de episódios anteriores e ao final deixa uma ou duas em aberto. Em um gráfico, um episódio típico tem o seguinte aspecto:

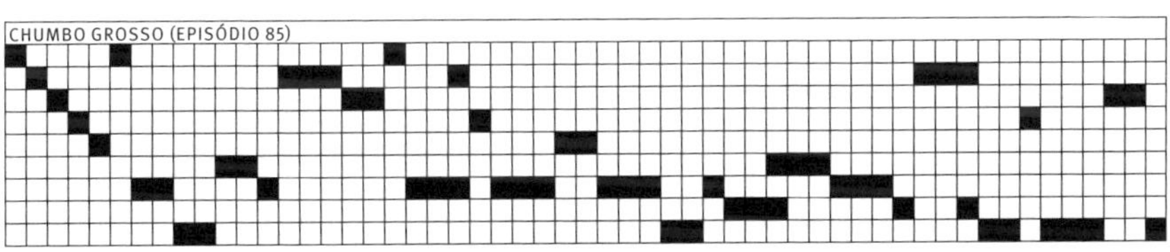

Os críticos geralmente citam *Chumbo grosso* como ponto de origem da "dramaturgia séria" oriunda da mídia televisiva – diferenciando-o de programas da década de 1950 que tinham apenas um episódio e eram peças da Broadway encenadas diante da câmera. Mas as inovações de *Chumbo grosso* não eram tão originais assim; por muito tempo elas desempenharam um papel crucial na televisão popular – e não apenas no horário nobre. A estrutura de um episódio de *Chumbo grosso* – e, na verdade, de todas as produções posteriores aclamadas pela crítica, de *thirtysomething* a *A sete palmos* (*Six Feet Under*) – é igual à de novela televisiva. *Chumbo grosso* pode ter despertado uma nova era de ouro da dramaturgia de televisão em seus sete anos de existência, mas fez isso usando alguns truques cruciais que *Guiding Light* e *General Hospital* haviam dominado muito antes.

A genialidade de Bochco em *Chumbo grosso* foi casar uma estrutura narrativa complexa com um tema complexo. *Dallas* já havia mostrado que as linhas extensas e entrelaçadas das novelas conseguiam sobreviver aos intervalos de uma semana dos programas do horário nobre, mas o conteúdo propriamente dito de *Dallas* era rasteiro. (O tema mais profundo apresentado no programa foi a questão, agora folclórica, de quem atirou em JR.) *Tudo em família* e *Rhoda* mostraram que era possível abordar temas sociais complexos, mas essa abordagem era feita no conforto da sala de estar de um *sitcom*. *Chumbo grosso* fazia personagens ricamente elaborados enfrentar questões sociais difíceis em uma estrutura narrativa compatível.

Desde que *Chumbo grosso* apareceu, os dramas com multiplicidade de linhas tornaram-se o gênero de ficção mais comum no horário nobre: *St. Elsewhere, thirtysomething, L.A. Law, Twin Peaks, Nova York contra o crime, ER: Plantão médico, The West Wing, Alias, Família Soprano, Lost, Desperate Housewives*. Os únicos casos destacados que persistem nos moldes antigos são programas como *Law & Order*, que na prática atualizaram o venerável formato de *Dragnet*, mantendo-se orientados por uma única linha narrativa. Desde o início da década de 1980 vem ocorrendo um aumento perceptível na complexidade narrativa desses programas. O seriado mais ambicioso da TV até hoje – *Família Soprano* – ao longo de cada episódio segue sempre uma dezena de fios distintos, com mais de vinte personagens recorrentes. Um episódio do final da primeira temporada tem o seguinte aspecto:

FAMÍLIA SOPRANO (EPISÓDIO 8)

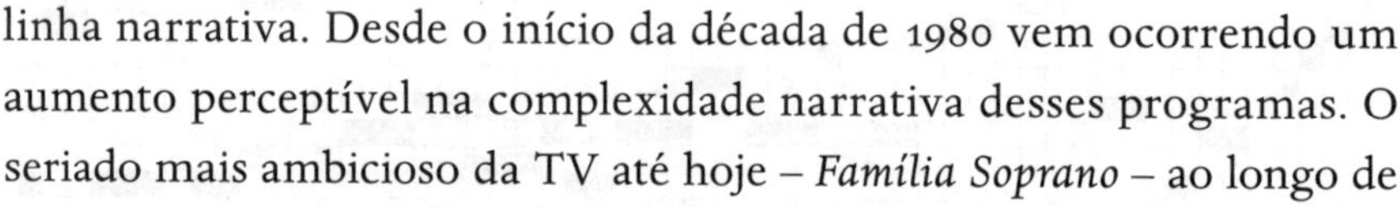

O número total de linhas ativas equivale ao de temas de *Chumbo grosso*, mas aqui cada uma delas é mais substancial. O programa não apresenta uma distinção clara entre linhas dominantes e secundárias; cada argumento dá sua contribuição à mistura. O episódio também conta a história de uma maneira totalmente distinta de *Chumbo grosso*: muitas vezes, uma única cena de *Família Soprano* relaciona três linhas diferentes ao mesmo tempo, dispondo um enredo sobre o outro. E cada uma das linhas nesse episódio de *Família Soprano* baseia-se em acontecimentos de episódios anteriores e continua pelo resto da temporada, e mesmo além. Quase todas as cenas do programa ligam-se a informações existentes fora da estrutura do episódio em que estão contidas. Para um programa que se passa tanto tempo no divã do analista, *Família Soprano* não investe muita energia na solução de suas questões.

Juntando esses quatro gráficos, forma-se um retrato da Curva do Dorminhoco ascendendo ao longo dos últimos trinta anos de televisão popular.

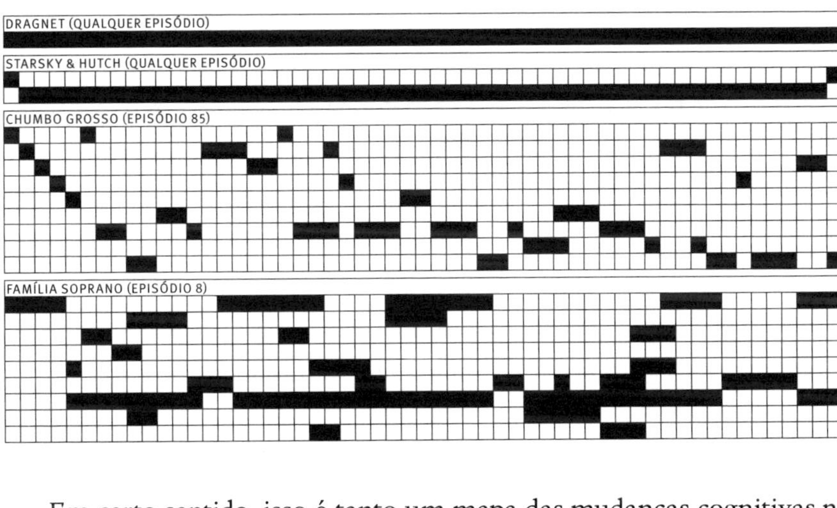

Em certo sentido, isso é tanto um mapa das mudanças cognitivas na mente da população quanto dos avanços na tela, como se os titãs da mídia tivessem decidido condicionar nosso cérebro a seguir quantidades cada vez maiores de linhas simultâneas. Antes de *Chumbo grosso*, o senso comum entre os executivos da televisão era que o público não gostaria de acompanhar mais de três linhas em um episódio, e, de fato, a estreia do piloto de

Chumbo grosso, em maio de 1980, foi seguida de queixas dos espectadores quanto ao fato de o programa ser muito complicado. Avance vinte anos, e programas como *Família Soprano* capturam suas audiências com narrativas que fazem *Chumbo grosso* parecer *Three's Company*. O público recebe de braços abertos essa complexidade porque passou por um treinamento de duas décadas de dramaturgia com multiplicidade de linhas.

Será possível comparar *Família Soprano*, um programa refinado da HBO, com *Chumbo grosso*, um programa de horário nobre na rede aberta? O aumento de complexidade não seria um mero reflexo da audiência menor e mais sofisticada do programa da HBO? Acho que a resposta é não, por várias razões. Em primeiro lugar, considerando apenas o tamanho da audiência, *Família Soprano* é um genuíno sucesso nacional, superando com regularidade programas da televisão aberta na mesma faixa. Em segundo, *Chumbo grosso* também era um programa refinado – foi o primeiro passo que a NBC deu em seu esforço imensamente bem-sucedido na década de 1980 de se voltar para um público de classe social mais alta em vez de tentar atingir o público mais amplo possível. O programa foi um sucesso de crítica e de público, mas passou a maior parte da vida com fracos trinta e poucos pontos na escala de audiência – e em sua primeira temporada a série terminou em 38º, de um total de 97 programas. O número total de espectadores de um episódio de *Família Soprano* não é tão diferente assim dos de um episódio típico de *Chumbo grosso*, embora a complexidade narrativa do primeiro seja pelo menos duas vezes maior que a do segundo. (*Família Soprano* é ainda mais complexo em outras questões, e voltaremos a isso em breve.)

Pode-se também medir a disposição do público para tolerar narrativas mais complicadas considerando o sucesso de programas como *ER* ou *24 horas*. Em termos de multiplicidade de linhas, os dois programas normalmente seguem cerca de dez diferentes em cada episódio, o que é mais ou menos comparável a *Chumbo grosso*. Mas *ER* e *24 horas* são sucessos legítimos, sempre entre os vinte primeiros na lista de audiência. Em 1981, era possível tecer três linhas narrativas principais e meia dúzia de tramas secundárias ao longo de um programa de uma hora no horário nobre e arrebanhar público suficiente para manter a produção no ar. Hoje pode-se desafiar o público com uma mistura mais complicada, criando um leviatã no processo.

A multiplicidade de linhas é a característica estrutural mais apreciada da moderna dramaturgia televisiva, e certamente merece parte da glória que tem recebido. Quando assistimos TV, identificamos de forma intuitiva, como medida da complexidade de determinado programa, a quantidade de linhas narrativas por episódio. E todas as evidências sugerem que esse padrão vem ascendendo continuamente nas duas últimas décadas. Mas a multiplicidade de linhas é apenas parte da história.

Poucos anos depois da chegada da primeira geração de filmes sanguinolentos de horror – *Halloween*, *Sexta-feira 13* –, a Paramount lançou *Student Bodies*, que parodiava o gênero tal como a série *Pânico* faria quinze anos depois. Em uma cena, a clássica babá adolescente e linda ouve um ruído do lado de fora de uma casa de subúrbio; ela abre a porta para investigar, não acha nada e volta para dentro. Quando a porta se fecha por trás dela, a câmera fecha o quadro na maçaneta e nos mostra que a menina deixou a porta destrancada. A câmera recua e depois avança de novo, para dar ênfase. E então uma seta chamativa aparece na tela, com um texto prestativo explicando: "Porta destrancada!"

A seta chamativa é uma paródia, claro, mas é simplesmente uma versão exagerada de um artifício que histórias populares usam o tempo todo. É uma espécie de cartaz narrativo, disposto convenientemente para ajudar o público a entender o que está acontecendo. Quando o vilão aparece pela primeira vez em um filme, surgindo das sombras com uma música atonal sinistra ao fundo – isso é uma seta chamativa que diz: "Bandido." Quando um roteiro de ficção científica faz alguém que não é cientista entrar em um laboratório avançado e ficar perguntando aos cientistas o que é que eles estão fazendo com aquele acelerador de partículas – isso é uma seta chamativa que dá ao público justamente a informação necessária para entender a sequência do enredo. ("Aconteça o que acontecer, não derrame água nisso, ou você vai provocar uma explosão imensa!") As convenções de gênero servem de setas chamativas; a paródia *Student Bodies* funciona porque o texto "porta destrancada" é um exagero absurdo – já internalizamos regras suficientes do gênero de horror sanguinolento para saber que babá-adolescente-em-casa-de-subúrbio sempre resulta em visitantes indesejados. É uma tradição de filmes de assalto fazer uma apresentação completa da futura cena do crime, incluindo plantas da arquitetura, para que se saiba o que está acontecendo quando os criminosos de fato aparecerem.

Essas dicas servem como uma espécie de guia narrativo. Elas dizem implicitamente aos espectadores: "Sabemos que você não tem ideia do que é um acelerador de partículas, mas é o seguinte: tudo o que você precisa saber é que é um negócio grande e complicado que explode se for molhado." Elas enfatizam os detalhes relevantes: "Não se preocupe com a possibilidade de a babá terminar o namoro. Preocupe-se com aquele cara espreitando nos arbustos." Elas reduzem o volume de esforço analítico necessário para a compreensão de uma história. Tudo o que se precisa fazer é seguir as setas.

Segundo esse padrão, a televisão popular nunca foi tão difícil de acompanhar. Se as linhas narrativas viveram uma explosão populacional ao longo dos últimos vinte anos, as setas chamativas ficaram cada vez mais escassas. Quando assistimos a *Chumbo grosso*, pináculo da dramaturgia na TV do começo dos anos 1980, vemos em cada cena uma *inteireza* de informação que difere visivelmente de programas como *The West Wing*, *Família Soprano*, *Alias* ou *ER*. Como vimos, *Chumbo grosso* mostra várias histórias a serem seguidas, mas cada acontecimento nelas tem uma clareza que muitas vezes falta em programas posteriores.

Essa distinção é sutil, mas importante, uma faceta da arte de narrar que algumas vezes absorvemos sem perceber. *Chumbo grosso* tem ambiguidades a respeito de acontecimentos futuros: o assassino em série condenado à morte vai ser executado? Furillo vai se casar com Joyce Davenport? Renko vai prender o inspetor sanitário que aceita subornos? Mas o momento presente de cada cena é oferecido para o espectador com poucas ambiguidades. Você pode não saber o destino do inspetor sanitário, mas sabe por que Renko está vestido de lavador de pratos na cena atual ou por que na seguinte ele está escutando às escondidas uma conversa na cozinha. Há uma pergunta em aberto ou um mistério dando força a cada uma dessas histórias – como ela vai se desdobrar? –, mas não há mistério acerca da atividade imediata na tela.

Por outro lado, um programa contemporâneo como *The West Wing* está sempre encaixando mistérios nos acontecimentos do presente: personagens realizam ações ou discutem acontecimentos sobre os quais foram omitidas intencionalmente informações cruciais. De maneira muito apropriada, a extensa sequência de abertura do piloto de *The West Wing* girava em torno precisamente dessa técnica: todos os personagens principais (Toby, Josh, CJ) são apresentados fora do escritório no momento em que cada um recebe a enigmática mensagem "POTUS caiu da bicicleta." Aaron Sorkin, criador do programa – e que por incrível que pareça conseguiu escrever cada um dos episódios até a quarta temporada –, omite deliberadamente, até o último segundo antes da apresentação dos créditos de abertura, a informação de que todas aquelas pessoas trabalham na Casa Branca e que POTUS quer dizer "President of the United States" (Presidente dos Estados Unidos). Certo, quem ligar a TV e vir um programa chamado *The West Wing* provavelmente vai suspeitar que haverá alguma relação com a Casa Branca, e alguns aficionados da política talvez já estivessem familiarizados com o acrônimo POTUS. Mas aquela sequência de abertura estabeleceu uma estrutura que Sorkin usou em todos os episódios subsequentes, em geral pontuados de informações deliberadamente opacas. A pergunta aberta apresentada nessas sequências não é: como isso vai acabar? A pergunta é: o que está acontecendo agora?

Na prática, na década de 1980 os espectadores de programas como *Chumbo grosso* certamente passavam por momentos de confusão quando a quantidade de linhas simultâneas criava mistérios no tempo presente: eles esqueciam o motivo de Renko usar aquele uniforme de ajudante de garçom porque haviam esquecido a sequência anterior, que introduzira a trama do disfarce. Mas nesse caso a informação omitida havia se perdido em algum lugar entre nossos sistemas perceptivos e nossa memória de curto prazo. O programa fazia um retrospecto claro dos acontecimentos narrados; se essa imagem ficava embaçada, só podíamos culpar nossa memória. Os programas de Sorkin, por outro lado, são o equivalente narrativo das máquinas de nevoeiro. *Espera-se* que o espectador fique perdido. Qualquer um que tenha assistido com atenção a uma quantidade razoável de episódios de *The West Wing* conhece a sensação: cada uma das cenas faz referência a alguma informação claramente crucial – os membros do elenco perguntam uns aos outros se assistiram "à entrevista" da noite anterior, ou fazem alusões enigmáticas ao caso McCarver –, e depois da sexta referência o espectador vai ter vontade de voltar a fita para descobrir sobre o que eles estão falando, achando que perdeu alguma coisa. E aí ele percebe que a intenção do programa é deixá-lo confuso.

A clareza de *Chumbo grosso* decorre da integração sutil de setas chamativas, enquanto a turvação de *The West Wing* decorre da inteligente recusa de Sorkin em fornecê-las. A lista de chamada que abria todos os episódios de *Chumbo grosso* é famosa pelo bordão "Ei, tomem cuidado lá fora". Mas essa fala inicial do sargento Esterhaus (e, em temporadas posteriores, do sargento Jablonski) desempenhava uma função crucial, apresentando algumas das linhas principais e dando explicações úteis sobre o contexto delas. Os críticos da época chamaram atenção para o estilo desorientador na sequência de abertura, gravada como se fosse um documentário feito com uma câmera na mão, mas essa lista de chamada, em última análise, era um artifício reconfortante, como rodinhas de bicicleta para crianças, para ajudar o espectador na nova complexidade da multiplicidade de linhas.

Quem assiste a *The West Wing*, *Lost* ou *Família Soprano* já não precisa das rodinhas, porque 25 anos de televisão cada vez mais complexa treinaram a capacidade analítica do público. Como aqueles videogames que forçam o jogador a aprender as regras enquanto joga, parte do prazer nessas narrativas modernas da televisão decorre do esforço cognitivo ao qual o espectador é obrigado para preencher as lacunas. Se os roteiristas de repente despejassem um monte de setas chamativas no cenário, o programa pareceria cansativo e simplista. A informação extra tiraria a graça.

Essa falta deliberada de ajuda também se estende até o nível do diálogo. Os entretenimentos populares que tratam de questões técnicas – sejam elas os meandros da aprovação de leis, a realização de uma ponte de safena ou a operação de um acelerador de partículas – convencionalmente alternam dois modos de informação em seus diálogos: textura e substância. Textura é toda aquela verborragia obscura apresentada para convencer o espectador de que ele está vendo Médicos de Verdade em Ação; substância é o material plantado no pano de fundo da textura e de que o espectador precisa para entender a trama.

Ironicamente, algumas vezes a textura tem a função de ser diretamente *irrelevante* para os assuntos da narrativa subjacente, e quanto mais irrelevante melhor. Roland Barthes escreveu um pequeno ensaio na década de 1960 em que discutia um dispositivo literário que ele chamava de "efeito de real", citando a descrição de um barômetro no conto "Um coração simples", de Flaubert. Na descrição de Barthes, os efeitos de real têm o propósito de criar uma aura de vida real mediante sua falta de significância: o barômetro não desempenha qualquer papel na narrativa e não simboliza nada. Está ali só pela textura do pano de fundo, para criar a ilusão de um mundo cheio de objetos sem significado narrativo ou simbólico. A linguagem técnica que prolifera em programas como *The West Wing* ou *ER* tem função comparável; não é preciso entender o que os cirurgiões querem dizer quando falam de pontes de coronária ou de safena enquanto realizam cirurgias cardíacas em *ER*; o linguajar obscuro está ali para criar a ilusão de que aqueles são médicos de verdade. Para que esses programas sejam agradáveis, os espectadores precisam se sentir à vontade com a consciência de que não precisam entender esse tipo de informação.

Por convenção, as narrativas demarcam a fronteira entre textura e substância introduzindo pistas que destacam ou traduzem os dados importantes. Em um momento involuntariamente cômico de *O dia depois de amanhã*, filme popular de 2004, o climatologista atormentado (vivido por Dennis Quaid) anuncia para um grupo de funcionários do governo sua teoria sobre a iminência de uma nova era glacial. Seu discurso termina com a frase: "Pode ser que tenhamos chegado a um limiar crítico de dessalinização!" Esse é o tipo de coisa que se poderia esperar de um climatologista – se ele fosse lançado para um universo alternativo onde coisas implausíveis como eras glaciais instantâneas de fato acontecessem –, mas, para a maior parte do público, a frase "limiar crítico de dessalinização" tem mais chances de provocar um olhar vazio do que um frio na espinha. Então, o diretor-roteirista Roland Emmerich – um mestre em setas chamativas piscantes – faz com que um funcionário companheiro de Quaid acrescente uma observação prestativa: "Isso explicaria todo esse clima extremo que estamos vendo." Teria sido o mesmo que colocar na tela uma seta chamativa dizendo "Porta destrancada!".

O diálogo em programas como *The West Wing* e *ER*, por outro lado, não é condescendente com o público. Ele prossegue apressado, as palavras em acelerada sincronia com os movimentos rápidos da câmera deslizando pelos corredores ou pelas salas de cirurgia. Nesses programas, os personagens falam mais depressa, mas o verdadeiramente notável no diálogo não é apenas uma questão de velocidade; é a disposição de mergulhar o público em informações que a maioria dos espectadores não vai entender. Eis uma cena típica de *ER*:

> Corte para KERRY trazendo uma jovem, CARTER e LUCY acorrem.
>
> Os pais da moça também estão presentes.
>
> KERRY: Dezesseis anos, inconsciente, histórico de distúrbio de Villiari.
>
> CARTER: Coma glucínico?
>
> KERRY: É o que parece.
>
> SR. MAKOMI: Ela estava bem até seis meses atrás.
>
> CARTER: Que remédios ela toma?
>
> SRA. MAKOMI: Enfrasilina, tobramicina, vitaminas A, D e K.
>
> LUCY: A pele está ictérica.
>
> KERRY: E também a esclera; o hálito está com cheiro doce?
>
> CARTER: Permadicite de Peder?
>
> KERRY: É.
>
> LUCY: O que é isso?

KERRY: O fígado está paralisado, vamos colher urina. (Para CARTER) Está ficando um pouco tumultuado aqui; por favor, cuide dos pais. Aplicar lactulose, 30cc por mg.

CARTER: Vamos dar a ela um remédio para limpar o sangue; por que vocês não vêm comigo?

CARTER leva os MAKOMI para fora da sala de traumatologia, LUCY também o acompanha.

KERRY: O sangue parece não estar coagulando.

SRA. MAKOMI: Ela está sangrando por dentro?

CARTER: O problema do fígado está impedindo que o sangue coagule.

SRA. MAKOMI: Ai, meu Deus.

CARTER: Ela está na lista de transplantes?

SR. MAKOMI: Ela está na posição 2a há seis meses, mas ainda não conseguiram encontrar um fígado compatível.

CARTER: Por que não? Qual é o tipo sanguíneo dela?

SR. MAKOMI: AB.

CARTER e LUCY olham um para o outro, incrédulos.

Corta para MARK atendendo um paciente adormecido. AMANDA entra.

Claro que aqui há setas chamativas – "O problema do fígado está impedindo que o sangue coagule" –, mas a proporção entre jargão médico e informação traduzida para leigos é bem alta, e, como é o caso em muitas dessas narrativas, o público não descobre o que de fato está acontecendo até a segunda metade da cena. Existe uma espécie de confiança implícita entre o programa e seus espectadores, uma tolerância em relação à ambiguidade planejada. Essa tolerância dá trabalho: o espectador precisa ser capaz de avaliar imediatamente a função de cada fala, colocando-a na categoria "substância" ou na "textura". Ele tem de saber o que é que não precisa saber. Se os espectadores não fossem capazes de fazer essas avaliações em tempo real, *ER* seria uma confusão insuportável; toda semana seria preciso sentar-se no sofá com um dicionário de medicina nas mãos. ("*Permadicite de Peder* se escreve com *c* ou *ss*?")

De um ponto de vista puramente narrativo, a fala decisiva nessa cena acontece bem no final: "AB." O tipo sanguíneo da adolescente de dezesseis anos liga a cena a uma trama anterior, envolvendo uma vítima de hemorragia cerebral que – após ser dramaticamente ressuscitada em uma das cenas iniciais – termina tendo morte cerebral. Quinze minutos antes da cena do fígado comprometido, Doug e Carter conversam rapidamente sobre coletar os órgãos da vítima de hemorragia para usar em transplantes e comentam que o tipo sanguíneo da pessoa é o raro AB. (O que reduzia as chances de que ela pudesse ser doadora.) A virada aqui é em torno de um evento estatisticamente improvável ocorrido na emergência – um doador perfeito aparecendo bem a tempo de doar o fígado a alguém com o mesmo tipo sanguíneo raro. Mas o programa revela essa virada com notável sutileza. Para dar sentido ao "AB" da última fala – e ao olhar incrédulo de Carter e Lucy –, é preciso lembrar uma observação passageira feita quinze minutos antes a respeito de um personagem que pertence a uma linha completamente distinta.

Teria sido bem fácil introduzir uma fala explicativa ao final da cena: "É o mesmo tipo de sangue da vítima de hemorragia!" E, na verdade, se *ER* tivesse sido feito vinte ou trinta anos antes, desconfio que os roteiristas teriam inserido algo exatamente assim. Mas esse tipo de legenda grosseira iria de encontro ao *éthos* narrativo de programas como *ER*. Nessas narrativas modernas, o público obtém parte do prazer "preenchendo lacunas". Pode ser que esses programas tenham mais sangue e tripas do que a TV popular da geração anterior, e parte do conteúdo sexual de hoje seria inadequado em uma sala de cinema daquele tempo – e muito mais no horário nobre da TV. Mas, no que se refere à arte de contar histórias, esses programas possuem uma qualidade que só pode ser descrita como sutileza e discrição.

Isso não é uma manchete muito comum – "TV pop mais sutil e mais discreta do que nunca!" –, mas ignorar essas características significa deixar passar um dos desenvolvimentos mais vitais da narrativa popular moderna. Algumas vezes ouvem-se pessoas se referirem afetuosamente à era "mais simples" do suposto auge da televisão, na época de *Dragnet* e de *I Love Lucy*. Elas querem dizer "mais simples" em um sentido ético: não havia identificação do público com chefões da máfia em *Dragnet* nem disputa litigiosa de custódia em *I Love Lucy*. Mas, quando comparados à televisão atual, o outro sentido de "mais simples" também se aplica a esses programas: a compreensão do que está acontecendo neles exige menos esforço mental. Se você assistir a *Starsky & Hutch* ou *Dragnet* depois de ver *Família Soprano*, vai ter a sensação de que está sendo tratado com condescendência – porque os criadores daqueles programas estavam pensando em um "espectador ideal" que não teve o benefício de décadas de ação da Curva do Dorminhoco. Os programas eram simples porque achava-se que o público da época não estava preparado para algo mais complicado.

E provavelmente não estava mesmo.

Os dramas televisivos são a instância mais visível da Curva do Dorminhoco, mas percebe-se um aumento comparável de complexidade na maioria das *sitcoms* da última década. Compare a maneira com que a comédia é apresentada em clássicos recentes como *Seinfeld* ou *Os Simpsons* – e também em favoritos da crítica como *Scrubs* e *Caindo na real* (*Arrested Development*) – a programas mais antigos como *Tudo em família* ou *Mary Tyler Moore Show*. A melhor maneira de medir a complexidade desses programas é considerar quantas informações externas o espectador precisa possuir para "entender" as piadas perfeitamente. Qualquer um pode se sentar diante das comédias mais triviais – *Home Improvement*, digamos, ou *Three's Company* – e compreender imediatamente o humor, que consiste sobretudo em personagens sendo sarcásticos uns com os outros. As piadas em si não fazem referência a nada externo à estrutura da conversa que as contém – além da "situação" que serve de esqueleto para o programa propriamente dito. (Um sujeito finge que é gay para poder dividir um apartamento com duas mulheres.) Para destrinçar o humor de programas com mais nuances – *Cheers* e *Friends*, por exemplo –, os roteiros algumas vezes exigem que você conheça certas informações biográficas básicas dos personagens. (Carla fará uma referência impertinente à sobriedade de Sam

Malone sem se dar o trabalho de explicar ao público que ele já teve problema de alcoolismo; ou Rachel comentará a respeito da obesidade de Monica durante a infância.) Quase todas as sequências mais longas de *Seinfeld* ou de *Os Simpsons*, no entanto, contêm uma piada que só faz sentido se o espectador acrescentar a informação suplementar adequada – informação que foi deliberadamente omitida. Se ele não assistiu ao episódio "Mulva", ou se o nome "Art Vandelay" não lhe traz lembrança alguma, então as referências subsequentes – muitas delas feitas anos depois da ocorrência em questão – vão passar despercebidas.

À primeira vista, isso se parece com a tradição das telenovelas de usar enredos que se estendem para além da estrutura de episódios individuais, mas na prática o artifício tem um efeito diferente. Saber que George usa o codinome Art Vandelay em situações sociais constrangedoras não ajuda a entender a trama do episódio que está passando; o espectador não usa informações de narrativas prévias para entender os acontecimentos da atual. Dos 180 episódios de *Seinfeld* que foram ao ar, sete contêm referências a Art Vandelay: ou George refere-se a si mesmo com o codinome ou o invoca em alguma mentira elaborada. Ele diz a um possível empregador em uma editora que gosta de ler os livros de ficção de Art Vandelay, autor de *Venezianas*; em outra ocasião, ele diz a uma assistente social do serviço de seguro-desemprego que se candidatou a um emprego como vendedor de látex nas Indústrias Vandelay. A fim de entender a história, a única coisa que se precisa saber aqui é que George está mentindo em uma entrevista formal; ele poderia ter inventado qualquer escritor ou fabricante de látex. Mas a *piada* está no fato de ser um eco de todas as referências anteriores a Vandelay; é engraçado porque acena sutilmente a acontecimentos anteriores preservados fora da tela. É o que chamaríamos no mundo real de "piada interna" – uma piada que só é engraçada para as pessoas que conhecem a referência. E, nesse caso, a referência consiste em um punhado de falas breves em alguns episódios – muitos dos quais foram exibidos anos antes. Houve um tempo em que a comédia televisiva funcionava em uma escala de trinta segundos: havia uma fala de preparação e depois a frase de efeito da piada, e então se começava tudo de novo. Com *Seinfeld*, a distância entre a preparação e a frase de efeito da piada podia ser de anos.

Essas piadas em camadas muitas vezes vão além dos limites da própria série. Segundo um site que tem registrado exaustivamente esses assuntos, em média cada episódio de *Os Simpsons* inclui cerca de oito piadas que se referem explicitamente a filmes: uma linha narrativa, um trecho de diálogo, um trocadilho visual com uma sequência cinematográfica famosa (*Seinfeld* apresentou vários episódios que imitavam tramas de filmes, incluindo *Perdidos na noite* e *JFK*). Os episódios especiais de Halloween mostraram-se os mais barrocos nas alusões cinematográficas, e o mais memorável foi um episódio na temporada de 1995 que lançou mão de material de *A mulher de quinze metros de altura*, *Godzilla*, *Os Caça-fantasmas*, *A hora do pesadelo*, *Pagemaster: o mestre da fantasia*, *Comboio do terror*, *O exterminador do futuro* e *O exterminador do futuro II*, *Alien III*, *Tron: uma odisseia eletrônica*, *Beyond the Mind's Eye*, *O buraco negro*, *Poltergeist: o fenômeno*, *Howard, o super-herói* e *O iluminado*.

As paródias de filmes e as referências culturais de *Os Simpsons* normalmente são tratadas como exemplos básicos de pós-modernismo: uma mídia trabalhando em cima de outra mídia. Mas as piadas com Art Vandelay em *Seinfeld* não se encaixam muito bem nesse molde pós-moderno: elas não são referências que passam de um mundo ficcional para outro; elas remetem ao passado de um único mundo ficcional. Acho mais instrutivo considerar que ambos os artifícios têm o mesmo atributo-chave: são artifícios cômicos que recompensam um escrutínio mais aprofundado. Quanto mais você estuda o programa, mais ele fica engraçado – precisamente porque as piadas apontam para fora do contexto imediato do episódio e porque os criadores recusam-se a fornecer setas chamativas que traduzam as piadas para os não iniciados. As *sitcoms* mais antigas simplesmente exigiam que o espectador conhecesse os termos básicos da situação; tirando isso, ele podia sofrer de amnésia que não iria perder nada. Programas como *Seinfeld* e *Os Simpsons* apresentam uma premissa mais desafiadora para o público: você vai gostar mais se for capaz de se lembrar de um trecho de diálogo em um episódio exibido três anos atrás ou se notar que fizemos esta cena de modo a evocar o final de *Pacto de sangue*. As piadas vêm em camadas: é possível assistir ao episódio do Halloween de 1995 e perder todas as alusões a filmes e mesmo assim gostar do programa, mas a experiência é mais rica e gratificante quando elas são identificadas.

Essa disposição em camadas permitiu que *Seinfeld* e *Os Simpsons* apresentassem tanto um apelo amplo quanto o mordaz atrativo dos clássicos cult. O público geral ri daquele maluco do Kramer, enquanto os fãs de carteirinha piscam o olho e sorriem diante das referências ao Super-Homem. Mas essa complexidade tem outro efeito colateral igualmente importante: muitas vezes os episódios ficam *mais* divertidos na segunda ou terceira vez que são vistos, e ainda podem revelar novas sutilezas na quinta ou na sexta. Os entrelaçamentos sutis das tramas parecem mais sagazes se o espectador sabe com antecedência qual é a intenção deles, e quanto mais experiência ele tiver com a série como um todo, mais chance terá de perceber todas as referências internas.

Em novembro de 1997 a NBC exibiu um episódio de *Seinfeld* chamado "The Betrayal" (A traição), em que as cenas eram apresentadas em ordem cronológica inversa. Se a fórmula de *Seinfeld* costumava envolver preparações para frases de efeito que só apareciam anos depois, esse episódio assumia uma abordagem mais radical: as frases de efeito aconteciam *antes* das preparações. Via-se Kramer implorando para que Newman o protegesse de um personagem chamado "FDR", e só dez minutos depois se descobria o motivo, quando aparecia uma cena "anterior" em que FDR olhava feio para Kramer em uma festa de aniversário. O título do episódio (e o nome de um dos personagens) era uma referência nada sutil à peça *Traição*, de Harold Pinter, que conta a história de um triângulo amoroso em cronologia invertida. Mas as comédias são diferentes dos dramas em sua relação com o tempo: um acontecimento dramático fora de contexto é um mistério – a informação omitida pode intensificar a dramaticidade. Mas uma frase de efeito sem contexto não é uma piada. Praticamente impossível de ver da primeira vez, "The Betrayal" só fica coerente depois de visto pela segunda vez – e são necessários três ciclos concretos antes de as piadas começarem a funcionar. A frase de efeito é apresentada na tela, e o espectador preenche as lacunas da preparação por conta própria.

"The Betrayal" foi um divisor de águas na programação de TV, reunindo todos os elementos da complexidade televisiva moderna em uma *sitcom* de trinta minutos. A narrativa tecia sete linhas distintas, omitia informações cruciais em quase todas as sequências e plantava piadas que tinham diversas camadas de significados. Como o título sugeria, esses eram artifícios que só se encontravam nas narrativas de vanguarda de trinta ou quarenta anos antes: em Pinter, Alain Robbe-Grillet ou Godard. Em 1960, talvez fosse possível encher um pequeno teatro de Greenwich Village com um público disposto a decompor toda aquela complexidade, mas apenas se naquela semana o *Times* tivesse publicado uma boa crítica da peça. Quarenta anos depois, a NBC colocou a mesma estrutura narrativa tortuosa no horário nobre, e 15 milhões de pessoas adoraram.

Algumas *sitcoms* populares se deram bem com os diálogos debochados tradicionais de antigamente: *Raymond e companhia* (*Everybody Loves Raymond*) é um exemplo. Mas a maioria das comédias que alcançaram sucesso de público e de crítica – *Scrubs*, *The Office*, *Shouth Park*, *Will & Grace*, *Segura a onda* (*Curb Your Enthusiasm*) –, quase sem exceção, tirou sua inspiração estrutural de *Os Simpsons*, e não de *Three's Company*: criando humor com uma meia-vida de mais de quinze segundos, usando enredos intricados e referências obscuras. Mas o gênero *sitcom* como um todo retraiu-se nos últimos anos, e os executivos da televisão dirigiram o foco para os novos – e muitas vezes usados excessivamente – campeões de audiência: *reality shows*.

Os céticos talvez argumentem que eu estou forçando a barra ao me concentrar em títulos relativamente sofisticados como *Os Simpsons* e *The West Wing*, quando, na verdade, a mudança mais significativa dos últimos cinco anos antes da publicação deste livro na narrativa de entretenimento não tem nada a ver com séries complexas de drama ou comédias autorreferentes. Será que o panorama cultural pop contemporâneo parecerá tão promissor se o programa representativo da TV for *Joe Millionaire* em vez de *The West Wing*?

Acho que sim, mas para responder adequadamente a essa pergunta é preciso evitar a tendência de sentimentalizar o passado. Quando as pessoas falam da era de ouro da televisão no começo da década de 1970 – lembrando programas como *Mary Tyler Moore Show* e *Tudo em família* –, elas se esquecem de mencionar como a programação geral de grande parte daquela década era horrorosa. Se a ideia é examinar as tendências da cultura pop, é preciso comparar maçãs com maçãs ou, nesse caso, abacaxis com abacaxis. Se *Joe Millionaire* é um programa péssimo que, apesar de tudo, atraiu um público imenso, então é preciso compará-lo a programas de trinta anos atrás com qualidade e alcance semelhantes para que as tendências tenham significado. A comparação relevante não é entre *Joe Millionaire* e *M*A*S*H*; é entre *Joe Millionaire* e *The Price Is Right*, ou entre *Survivor* e *The Love Boat*.

Diante dessas comparações diretas, observa-se que uma maré de complexidade vem elevando a programação tanto no fundo quanto do topo do espectro de qualidade. *Família Soprano* exige muito mais de seu público do que *Chumbo grosso*, e *Joe Millionaire* fez avanços parecidos em relação a *Battle of the Network Stars*. Eis o teste definitivo para a teoria da Curva do Dorminhoco: até a porcaria melhorou.

Como seria possível medir essas melhorias? Ao avaliar esse gênero emergente, mais uma vez é necessário cuidado ao pintar o rinoceronte para identificar por que as pessoas ficam tão cativadas por esses programas. Acho que muitas vezes o atrativo não é bem-compreendido. O senso comum diz que o público segue os *reality shows* porque gosta da ideia lasciva de ver na TV outras pessoas sendo humilhadas em rede nacional. Isso pode mesmo ser verdade em programas escatológicos como *Fear Factor*, em que os participantes se trancam em cofres com aranhas ou consomem comida malcheirosa em troca de seus quinze minutos de fama. Mas nos *reality shows* de maior sucesso – *Survivor* ou *O aprendiz* – o apelo é mais sofisticado. Essa sofisticação tem sido difícil de ver porque também os *reality shows* são afetados por nossa tendência de ver gêneros emergentes como "pseudoversões" de gêneros anteriores, como McLuhan diagnosticou. Quando os *reality shows* começaram, era comum a comparação com os documentários. Naturalmente, quando se compara *Survivor* com *Shoah*, *Survivor* é bem fraco. Mas os *reality shows* não representam a realidade da mesma maneira que os documentários. A relação que a realidade tem com *Survivor* é muito mais parecida com a que ela tem com o esporte profissional: ambientes altamente estruturados e regulamentados nos quais acontecem (sobretudo) situações não orquestradas.

Pensar os *reality shows* no contexto dos games permite uma noção útil dos méritos do gênero, ao contrário da falsa comparação com filmes de Barbara Kopple e com *Na captura dos Friedmans*. O mais importante que se pode dizer sobre os *reality shows* talvez seja que o formato tem uma estrutura eficaz de videogame. Os *reality shows* da televisão são o testemunho definitivo do domínio dos games no momento atual da história da cultura pop. A televisão de antigamente tirava sua inspiração do palco: dramas de três atos ou programas de variedades que apresentavam esquetes curtos e números musicais. Na era Nintendo, esperamos da televisão uma nova forma de entretenimento: uma série de testes competitivos que vão se tornando cada vez mais difíceis com o tempo. Muitos *reality shows* também aproveitam um artifício mais sutil da cultura dos videogames: as regras não são claramente estabelecidas no início. Você aprende enquanto joga. Em um programa como *Survivor* ou *O aprendiz*, os participantes – e o público – conhecem o objetivo geral da série, mas cada episódio traz novos desafios que não foram definidos de antemão. A última rodada da primeira temporada de *O aprendiz* nos Estados Unidos, por exemplo, desmanchou a estratégia que havia governado o jogo até aquele ponto em que Donald Trump anunciou que os dois aprendizes restantes teriam de reunir e gerenciar uma equipe formada pelos participantes que já haviam sido demitidos em episódios anteriores do programa. De repente, o objetivo dominante do jogo – fazer de tudo para não ser demitido – apresentava um conflito em potencial para os dois adversários remanescentes: a estrutura da última rodada favorecia o participante que havia mantido melhores relações com seus camaradas. De repente, já não bastava ter aberto com unhas e dentes o caminho até o topo; era preciso ter feito amigos no processo.

As regras e as convenções do gênero dos *reality shows* estão em constante instabilidade, e essa imprevisibilidade é parte de seu atrativo. Essa é uma das diferenças cruciais entre os *reality shows* e seus antecessores, os programas de perguntas e respostas. Quando novos participantes subiam ao palco de *The Price Is Right* ou de *Wheel of Fortune*, não havia qualquer ambiguidade sobre as regras do jogo; todos sabiam como funcionava – as únicas coisas indefinidas eram o vencedor e que prêmios fabulosos ele levaria para casa. Nos *reality shows*, faz parte do espetáculo a revelação das regras do jogo, uma ambiguidade deliberada que é apreciada e adotada pelo público. O *Joe Millionaire* original deu um toque de perversidade ao subverter a mais fundamental das convenções – os criadores do programa não mentem abertamente para os participantes acerca dos prêmios –, induzindo um trabalhador a posar de homem rico enquanto quinze mulheres competiam por sua atenção.

Os *reality shows* tomaram emprestado dos videogames outro ingrediente-chave: o esforço intelectual de sondagem das regras do sistema em busca de pontos fracos e oportunidades. À medida que cada programa revela suas convenções, e cada participante revela seus traços de personalidade e seu passado, o que prende a atenção é imaginar como os participantes devem navegar naquele ambiente criado para eles. O prazer não está em assistir à humilhação de outros seres humanos em rede nacional; está em colocar outros seres humanos em um ambiente complexo onde há muito em jogo e nenhuma estratégia estabelecida e vê-los se adaptar. É por isso que as conversas de corredor acerca desses programas sempre giram em torno das estratégias vistas no episódio da noite anterior: por que Kwame escolheu Omarosa naquela última rodada? Que estratégia tortuosa Richard Hatch está tramando agora?

Parte desse desafio decorre de um sistema flexível de regras, mas também da rica geografia social que todos os *reality shows* exploram. A esse respeito, esses programas ultrapassam as demandas cognitivas dos videogames, porque os jogos sempre restringem os contatos sociais. No mundo dos games, o jogador trata com pessoas reais por intermédio de gráficos tridimensionais e bate-papo por texto; os *reality shows* largam pessoas de carne e osso no mesmo espaço comum por meses, muitas vezes limitando seu contato com o mundo exterior. Os participantes de *reality shows* são forçados a lidar pessoalmente com seus companheiros, e esse convívio acaba dependendo de sua inteligência social de uma maneira jamais possível para os videogames. E esse xadrez social também se torna parte da experiência do público. Esse, claro, foi o encanto do pioneiro entre os *reality shows*, *The Real World*, da MTV, que não precisava de competições e de prêmios fabulosos para atrair seus espectadores; bastava um grupo de pessoas jogadas em um espaço novo e forçadas a interagir umas com as outras.

O papel da participação do público é uma das características que muitas vezes acabam sendo negligenciadas pelos críticos. Se você acha que os *reality shows* são um longo exercício de humilhação pública, então o monólogo interior de muitos espectadores deve ser algo como: "Olhe só esse coitado – que imbecil!" Em vez disso, acho mais provável que esses monólogos íntimos projetem o espectador no mundo do programa; eles são participativos, ainda que hipoteticamente: "Se eu tivesse de decidir quem expulsar da ilha, eu escolheria Richard." Ele avalia a geografia social e as regras daquele momento e imagina como teria agido se tivesse conseguido passar no processo seletivo dos participantes. O prazer e o atrativo desse tipo de envolvimento diferem do prazer da narrativa da *sitcom*: o que interessa em *Happy Days* não é imaginar como poderia ser melhor o discurso que Fonzie fez para Richie durante o almoço no Al's. Mas no mundo dos *reality shows*, essa projeção é parte característica do envolvimento do público com o programa.

Nos programas de perguntas e respostas à moda antiga, os espectadores também gostam de se imaginar como participantes; as pessoas gritam as respostas em suas salas desde que o primeiro desses programas estreou na televisão. (Os *reality shows* assimilam e ampliam a lógica daqueles programas, assim como programas como *Família Soprano* e *A sete palmos* expandem o modelo original das telenovelas.) Mas a complexidade das regras e das "respostas corretas" aumentou desde aqueles tempos. Para "jogar" em um *reality show* é preciso tanto adaptar-se a um conjunto de regras em contante mutação quanto agir politicamente para atravessar um campo minado de relações pessoais. Para ter sucesso em um programa como *O aprendiz* ou *Survivor* é preciso inteligência social, não apenas conhecimentos gerais. Quando assistimos a esses programas, a parte de nosso cérebro que monitora as vidas emocionais das pessoas a nossa volta – a parte que identifica mudanças sutis de entonação, gestos e expressões faciais – escrutina a ação na tela à procura de pistas. Confiamos implicitamente em alguns personagens e sem pensar duas vezes votamos para que outros sejam expulsos da ilha. Os programas narrativos tradicionais também ativam relações emocionais com os personagens, mas essas relações não têm o mesmo efeito de participação, porque as narrativas tradicionais não são, explicitamente, sobre *estratégia*. O termo "palpiteiro" descreve a sensação participativa dos espectadores em relação a jogos, em oposição a histórias. Absorvemos as histórias, mas questionamos os jogos. Os *reality shows* trouxeram esse questionamento para o horário nobre, só que o jogo em questão gira em torno de destreza *social*, não destreza física.

Os *reality shows* desenrolam-se nos mais artificiais dos ambientes: ilhas tropicais infestadas de cinegrafistas escondidos; castelos povoados por belas mulheres solteiras e um solteiro milionário (de mentira). Mas, ainda assim, possuem uma autenticidade emocional que responde por grande parte de seu atrativo. Nos momentos de clímax – quando Joe Millionaire revela sua verdadeira identidade como trabalhador; quando um participante é eliminado da ilha na reta final de *Survivor* –, a câmera dá um *close* no rosto desconsolado do participante desafortunado, e o que se vê durante alguns breves segundos é algo que quase nunca aparece no entretenimento do horário nobre: a exibição de uma emoção genuína estampada no rosto de alguém. O entusiasmo que isso gera é por algo real e espontâneo surgindo no lugar mais estéril e artificial, como flores-do-campo brotando em um estacionamento. Acho esses momentos comoventes, porque as emoções são muito cruas, mas também bizarramente hipnóticas: são pessoas que passaram os últimos seis meses sonhando com um acontecimento que iria mudar suas vidas, mas que fracassaram no último minuto. O entusiasmo dos *reality shows* reside em ver o rosto delas no momento em que recebem a notícia; o entusiasmo de pensar "Isso está acontecendo de verdade". Perto desse tipo de intensidade emocional, não é de espantar que as *sitcoms* – com suas piadas curtas e a risada enlatada – tenham começado a decair.

Admito que há algo de perverso nesses momentos, algo semelhante à comoção que a pornografia gerava antes de se tornar uma indústria bilionária: é eletrizante a sensação de que *isso está acontecendo de verdade*. Em um mundo de falsificações, essa pessoa na tela não está fingindo, pelo menos naquela fração de segundo em que a emoção marcou seu rosto. O espectador cobre os olhos porque a autenticidade do sentimento é quase quente demais para aquela mídia.

"Fração de segundo" é a escala de tempo adequada aqui; a inteligência de que o *reality show* depende é a dos microssegundos: o olhar revelador, o breve ar de descrença, um esgar traiçoeiro disfarçado rapidamente. Os humanos expressam sua vasta complexidade de emoções através da linguagem silenciosa das expressões faciais, e sabemos pela neurociência que interpretar essa linguagem – com toda a sua sutileza – é uma das grandes realizações do cérebro humano. Uma forma de medir essa inteligência é chamada de QA, sigla de "quociente de autismo". Pessoas com baixo QA são particularmente talentosas na leitura de emoções, antecipando os pensamentos e sentimentos íntimos de outras pessoas, uma habilidade que às vezes é chamada de leitura de pensamento. (Os autistas têm problemas para interpretar a linguagem das expressões faciais, e é por isso que um QA alto implica uma capacidade menor de leitura de pensamento.) O QA pode ser visto como um subconjunto do conceito de "inteligência emocional" criado por Daniel Goleman; às vezes, ser inteligente é fazer cálculos complicados de cabeça ou tomar decisões lógicas difíceis, mas uma medida igualmente importante de inteligência prática é nossa capacidade de avaliar os sinais emocionais de outras pessoas – e de responder apropriadamente.

Quando se observa um *reality show* pela perspectiva do QA, fica muito mais fácil identificar as demandas cognitivas do gênero. Os programas de perguntas e respostas avaliavam e recompensavam nosso conhecimento de trivialidades, e o esporte profissional recompensava nossa inteligência física. Os *reality shows*, por sua vez, desafiam nossa inteligência emocional e nosso QA. Eles são, em certo sentido, experimentos psicológicos de grupo encenados de forma elaborada nos quais, ao final, os participantes ganham 1 milhão de dólares e uma semana na capa da *People*, em vez de um cachê de cinquenta dólares. Os programas parecem tão interessantes para o público atual porque apelam para essa capacidade fundamental da mente de maneiras raras em dramas ou comédias – tomando de empréstimo o formato participativo dos programas de perguntas e respostas e ao mesmo tempo desafiando nosso QI emocional. *O aprendiz* pode não ser o programa mais inteligente da história da televisão, mas ainda assim força o espectador a pensar enquanto assiste, a desvendar a lógica social do universo criado na tela. E, comparado a *The Price Is Right* ou *Webster*, é uma obra-prima intelectual.

A televisão acaba sendo um meio extraordinário para avaliar a inteligência emocional, o QA das pessoas – uma característica frequentemente ignorada quando os críticos avaliam a capacidade dessa mídia de transmitir conteúdo inteligente. Parte do descaso decorre da velha oposição entre inteligência e emoção: inteligência é acompanhar uma partida de xadrez ou participar de uma sofisticada discussão retórica sobre política pública; emoção é o terreno das novelas. Mas inúmeros estudos têm demonstrado o papel central da inteligência emocional em arenas aparentemente intelectualizadas: negócios, direito, política. Qualquer profissão que envolva uma interação regular com outras pessoas dá muito valor à leitura de pensamentos e ao QI emocional. De todas as mídias disponíveis hoje em dia, a televisão é de longe a mais adequada para exibir as sutis gradações dessas habilidades sociais. Um livro dá uma visão melhor sobre a história de vida de um indivíduo, e os artigos de opinião nos jornais são um formato mais adequado para argumentações rigorosas, mas, se a intenção é avaliar o QI emocional de alguém e não forem possíveis interações pessoais, a atenção concentrada da televisão é a melhor opção. Os *reality shows* simplesmente reconheceram essa força intrínseca e construíram todo um gênero em torno dela.

Também a política gravitou para a fluência emocional da televisão. Isso costuma ser desprezado como embrutecimento ou sentimentalização do discurso político, transformando o debate racional sobre diferentes objetivos políticos em um confessionário de auditório. A época dos debates sobre valores e moral deram lugar a discussões fúteis? O já falecido Neil Postman, em seu importante livro *Amusing Ourselves to Death*, de 1985, descreveu essa triste tendência como espetacularização da política. De acordo com Postman, a televisão é uma mídia de cosmética, de superfícies, uma repetição infindável dos debates entre Nixon e Kennedy, nos quais o cara com a melhor maquiagem sempre vence. "Embora a Constituição não mencione nada disso, parece que agora as pessoas gordas estão efetivamente excluídas da disputa por cargos políticos importantes", escreveu ele. "Provavelmente os carecas também. Com quase toda a certeza, aqueles cuja aparência não melhora significativamente com a arte do maquiador. Na verdade, podemos ter chegado ao ponto em que os políticos devem dominar de forma competente a cosmética, e não uma ideologia."

Não há dúvida de que parte do que Postman diz é verdade, embora Bill Clinton tenha conseguido fazer uma carreira política bem-sucedida enquanto enfrentava um pequeno problema de excesso de peso. A televisão permite que o eleitor veja as características físicas da pessoa em que vai votar com uma precisão não comparável a qualquer outra mídia até hoje. De fato, isso significa que pessoas fisicamente repulsivas sofrem em dia de eleição. (Claro, isso também significa que um comandante-chefe não vai mais conseguir esconder do povo o simples fato de que não consegue *andar*.)

Mas a visibilidade da mídia estende-se para além do penteado e do tom de pele. Quando vemos nossos políticos na sala de estar global da intimidade televisiva, conseguimos detectar neles algumas qualidades mais profundas: não apenas a maneira como se vestem, mas suas antenas emocionais – a capacidade de se relacionar, de levar a melhor, de condenar, de consolar. Nós os vemos como leitores de mente emocional, e um indivíduo tem poucas qualidades mais capazes de prever sua capacidade de governar um país, porque a leitura de pensamentos é fundamental na arte da persuasão. Os presidentes fazem aparições formais, posam para retratos e promovem eventos de gala, mas seu trabalho cotidiano é motivar e persuadir outras pessoas a seguir sua liderança. Para motivar e persuadir, é preciso ter um radar inato para o estado mental de outras pessoas. Para o eleitor comum, é quase impossível ter uma noção do radar emocional de determinado candidato sem vê-lo pessoalmente em uma situação de improviso. Não é possível ter noção das capacidades de leitura de pensamentos do candidato vendo-o pronunciar um discurso decorado ou assistindo a anúncios de trinta segundos, ou, sabe Deus, lendo os posts do blog da campanha. Mas o que *realmente* transmite esse tipo de informação é o formato de entrevista cara a cara na televisão – *Meet the Press* e *Charlie Rose*, é claro, mas, talvez de forma mais eficaz, *Oprah*, porque o formato é mais social e fluente.

Então o que se obtém da difamada oprahização da política não é um conjunto de trivialidades banais sobre um indivíduo – é, sim, informação crucial sobre o QI emocional de um presidente em potencial, informação a que quase não se tinha acesso até a televisão oferecer esse foco cerrado. As transcrições do debate entre Abraham Lincoln e Stephen Douglas certamente mostravam a agilidade mental de ambos e as diferenças ideológicas que os separavam. Mas acho que quase não transmitiam qualquer informação sobre a maneira como eles conduziriam uma reunião de gabinete, que tipo de lealdade inspirariam em seus seguidores ou como resolveriam uma disputa interna. Trinta minutos em um programa de entrevistas, por outro lado, podem muito bem transmitir todas essas informações – porque nosso cérebro é muito bom para identificar esses indícios emocionais. Candidatos de pouco apelo físico podem não se dar tão bem nesse ambiente. (Lyndon Johnson teria uma vida complicada hoje em dia.) Mas os candidatos que passam pelo teste da aparência são julgados segundo um padrão mais alto e rigoroso – não apenas a cor da pele, mas o valor de seu caráter.

Isso não quer dizer que o debate político deva ser reduzido a uma troca de provocações em programas de entrevistas; ainda há muito espaço para artigos de opinião e discursos formais. Mas não se deve subestimar a informação contida nos *closes* da televisão sem roteiro. Aquele primeiro debate entre Nixon e Kennedy há muito vem sendo citado como o início do triunfo da imagem sobre a substância – para os espectadores que acharam que o aspecto de Nixon, suarento e com barba de um dia, passava a impressão de alguém ardiloso e pouco confiável. Mas e se estivermos enganados acerca do debate? E se não foi a falta de maquiagem de Nixon o que perturbou os telespectadores? Afinal, Nixon acabou se mostrando ardiloso e pouco confiável. Talvez todos aqueles eleitores que ouviram o debate pelo rádio ou leram a transcrição nos jornais e concluíram que ele havia vencido simplesmente não tinham acesso à informação emocional transmitida pela televisão. Nixon perdeu na TV porque não *parecia* alguém que o eleitor gostaria de ter como presidente, e, no que se refere ao QI emocional, as aparências nem sempre enganam.

Os *reality shows* e os programas melodramáticos como o de Oprah podem não ser o prato mais sofisticado do cardápio da televisão, mas também não são o equivalente a *junk-food*: prazer culpado sem qualquer nutrição cognitiva redentora. Eles estimulam a mente – e, em particular, a mente social – de forma muito mais rigorosa do que os piores programas das décadas passadas. As pessoas não se aglomeravam no corredor para questionar a estratégia derrotada no *Battle of the Network Stars* da noite anterior, mas passam semanas debatendo as decisões táticas e os traços de personalidade dos participantes de *O aprendiz*. Consideremos esse excerto de uma conversa em um site não oficial sobre a versão americana de *O aprendiz*:

> KMJ179: Pessoas instáveis entram em pânico com muita facilidade e tomam decisões apressadas sem conhecer os fatos ou entender o que está em jogo. Pessoas instáveis não dão ouvidos a outras pessoas. Muitas vezes ouvem alguém falando com elas, mas não escutam o que está sendo dito. Uma pessoa instável é alguém que diz uma coisa mas logo em seguida faz outra. Já lidei com gente instável antes, e Troy de maneira alguma é assim. De onde Bernie tirou isso, não sei. Pode ser que o sotaque de Troy tenha chateado o pobre Bernie.
>
> KEN NJ: Não estou defendendo Bernie, mas apenas apresentando minhas razões para que você possa ver em que me baseio pra classificar Troy como

pessoa instável. Donald, seus colegas de equipe e o publico esperavam que ele mantivesse uma postura honesta. Bem, ele não foi honesto e partiu pro método "tudo ou nada" sendo falso com os clientes e manipulando eles pra que fizessem propostas. Qualquer executivo responsável que visse as táticas de Troy diria que esse funcionario é um cara instável porque não consegue se conformar às políticas da empresa e faz as coisas do próprio jeito. Até Bill, que observou o próprio colega, disse que tinha sérias questões sobre a maneira como Troy fechava negócios.

KMJ179: Fiquei surpreso quando Troy cruzou o limite da ética e apelou pra mentira sobre o número verdadeiro de pessoas interessadas em alugar o lugar. Ele não precisava ter feito isso. Irônicamente, quando Troy foi franco com o segundo cliente em potencial sobre o primeiro cliente também estar interessado e aguardando na outra sala, ele se deu mal. O segundo cliente se sentiu presssionado. Mas, de certa maneira, não posso culpar o segundo cliente. Passamos um dia conversando sobre um aluguel caro e você me diz que estou concorrendo com outra pessoa pelo valor. Eu teria mandado Troy mergulhar no Hudson. Troy foi muito profissional e se despediu do cliente depois de ir agradecer a oportunidade do encontro.

KEN NJ: Você acabou de ilustrar um exemplo da maneira inaceitável que Troy usa para fazer negócios. Já vi vendedores de carros usados com mais estilo e honestidade que Troy. Sobre o outro caso, eu escrevi um post sobre Troy enganando clientes na calçada do Planet Hollywood pra vender o autógrafo de Kwame. O Better Business Bureau e as agências governamentais de proteção ao consumidor investigariam esse padrão de praticas comerciais. Já vi vendedores agressivos como Troy levarem empresas rentáveis à falência dum dia pro outro depois que um tribunal concedeu indenizações enormes em decisões multimilionárias. Troy é uma bomba-relógio, só esperando para explodir a empresa. Isso NÃO significa pouco na governança corporativa atual.

Seria preciso uma vida inteira para ler as transcrições de todos os debates desse tipo, tanto na internet quanto em meios físicos, que se seguiram a esses programas. A ortografia não é perfeita, e a gramática de vez em quando deixa a desejar. Mas o nível de envolvimento cognitivo, a vontade de avaliar o programa a partir da experiência pessoal e do bom senso, a atenção aos motivos e aos defeitos de caráter dos participantes – tudo isso é notável. É impossível imaginar até mesmo os programas sofisticados do passado – muito menos *Os gatões* – inspirando semelhante quantidade e qualidade de análise. (Há literalmente centenas de páginas de comentários equivalentes só nesse site.) Esse coquetel exclusivo que o gênero dos *reality shows* oferece – pessoas de verdade, sistemas de regras sempre se transformando, intimidade emocional – instiga a mente a agir. O espectador não se desliga diante de programas como *O aprendiz*. Ele joga junto.

Sim, o conteúdo do game tem uma premissa rasteira e um ambiente muito artificial. (Além disso, o programa obriga o espectador a contemplar regularmente o penteado de Donald Trump.) Isso é outra característica que os *reality shows* aproveitaram dos videogames: o conteúdo interessa menos do que o esforço cognitivo que o programa exige. O que importa é o aprendizado colateral.

Parte desse aprendizado colateral decorre do número de personagens envolvidos em programas como *O aprendiz* ou *Survivor*. Assim como *Família Soprano* desafia o espectador a acompanhar diversas linhas, os *reality shows* exigem que se acompanhem diversos *relacionamentos*, já que nesses programas a ação gira em torno das várias brigas e alianças feitas e desfeitas por mais de uma dezena de indivíduos. Também isso ativa um componente de nosso QI emocional, algumas vezes chamado de inteligência social: nossa capacidade de monitorar e evocar muitos vetores distintos de interação na população a nossa volta, de lembrar que Pedro odeia Paulo, mas Paulo gosta de Pedro, e ambos se dão bem com Maria. Isso é parte de nossa herança primata; nossos parentes mais próximos, os chimpanzés, vivem em sociedades marcadas por intricadas relações políticas entre dúzias de indivíduos. (Alguns antropólogos acreditam que o enorme crescimento do lobo frontal do *Homo sapiens* no último milhão de anos foi estimulado pela necessidade de avaliar redes sociais densamente interconectadas.)

Condições ambientais podem fortalecer ou enfraquecer a capacidade do cérebro para realizar esse tipo de mapeamento social, assim como para o mapeamento do mundo real. Um famoso estudo do University College London descobriu que, nos taxistas de Londres, as regiões do cérebro dedicadas à memória espacial eram, em média, maiores do que as do londrino típico. E que os taxistas veteranos tinham áreas maiores do que as de seus colegas mais jovens. Eis a magia da plasticidade do cérebro: ao executar certa função cognitiva repetidas vezes, mais neurônios são recrutados para participar do trabalho. A inteligência social funciona da mesma maneira: passe mais horas estudando os detalhes de uma rede social, e seu cérebro vai se tornar mais apto a rastrear todas aquelas relações interligadas.

No que se refere à mídia, fios narrativos ou uma simples lista de personagens não ilustram adequadamente esse tipo de análise. É melhor vê-la como uma rede: uma série de pontos conectados por linhas de semelhança. Quando assistimos à maioria dos *reality shows*, implicitamente estamos construindo na cabeça esses mapas de redes sociais, mapas não tanto de enredos, mas de atitudes: Nick tem uma queda por Amy, mas talvez Amy esteja apenas usando Nick; Bill e Kwame têm uma amizade competitiva e acham que Amy está usando Nick; ninguém confia em Omarosa, exceto Kwame, mas Troy *realmente* não confia em Omarosa. Isso pode parecer coisa de colégio, mas, assim como muitas formas de inteligência emocional, a capacidade de analisar e evocar toda a variedade de relações sociais em um grupo grande é um instrumento de previsão de sucesso profissional tão confiável quanto as notas no vestibular ou na faculdade. Graças a nossa herança biológica e cultural, vivemos em grandes bandos de humanos que interagem entre si, e pessoas com a mente capaz de visualizar todas as relações nesses bandos tendem a prosperar, enquanto aquelas cuja mente tem dificuldade para acompanhá-las ficam sempre em desvantagem. Os *reality shows* forçam o espectador a exercitar esse músculo social de maneira inconcebível para os antigos programas de perguntas e respostas, nos quais a principal capacidade cognitiva testada era a habilidade de acertar o preço de um eletrodoméstico ou a hora certa de comprar uma vogal.

A tendência rumo a redes sociais de complexidade cada vez maior não é exclusiva dos *reality shows*; muitos dramas populares atuais de televisão apresentam densas teias de relações que exigem do espectador muita atenção e escrutínio apenas para que ele possa entender o que está acontecendo na tela. Tradicionalmente, as redes sociais mais intricadas na televisão vinham sob a forma de novelas, com seus casos amorosos, suas traições e dinâmicas familiares sofridas. Então usemos um episódio da primeira temporada de *Dallas* como exemplo representativo. No fundo, a rede social essencial de *Dallas* é a família Ewing: dois pais, três filhos, duas esposas. Alguns personagens regulares orbitam na periferia dessa constelação: o capataz Ray e Cliff, inimigo dos Ewing. Cada episódio apresenta um punhado de personagens que fazem uma única aparição no enredo daquela semana e então somem da rede. No episódio "Filho do mercado negro" (Black Market Baby), a estrutura principal da narrativa é uma trama dupla: a disputa entre os dois irmãos para gerar um filho e dar ao patriarca da família o neto há muito esperado. Pensando apenas em termos narrativos – na linha de nosso *Família Soprano* e *Chumbo grosso* –, essa estrutura seria relativamente simples: duas tramas indo para lá e para cá, sobrepondo-se em alguns momentos-chave. Mas, vista como rede social, é algo mais matizado:

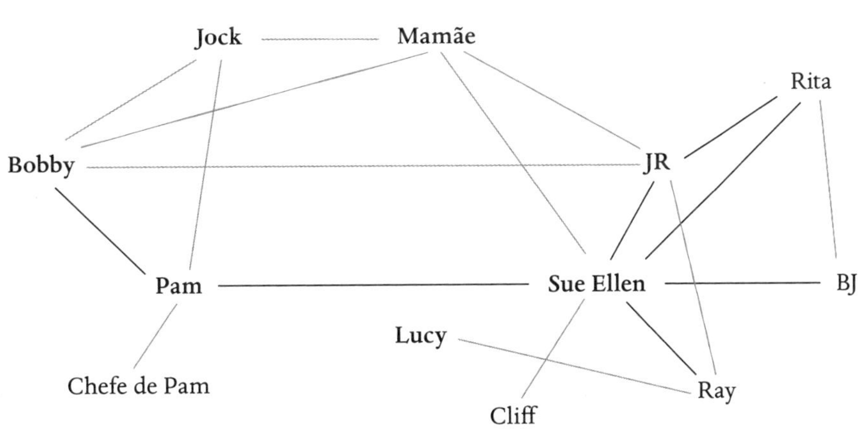

As linhas mais claras representam uma relação social necessária para a compreensão do enredo do episódio: é preciso entender que o patriarca Jock não aprova a decisão de Pam de adiar o nascimento do filho para trabalhar, assim como é preciso entender a duradoura rivalidade entre Bobby e JR em várias cenas cruciais com toda a família. As linhas mais escuras representam relações sociais que originam eventos narrativos principais: quando JR intervém e paga a Rita, a mãe de aluguel, para que deixe o estado, frustrando assim o plano de adoção de Sue Ellen, ou quando Sue Ellen, bêbada, passa uma noite de paixão com Ray.

É claro que, quando assistimos TV, muitos de nós não pensamos nessas redes sociais em termos explicitamente espaciais, mas construímos modelos funcionais do universo social que vemos. As visualizações ajudam a transmitir em um relance como é complexo esse universo. E basta um olhar de relance para perceber – no gráfico na próxima página, sobre um episódio da primeira temporada de *24 horas*, uma série da FOX – que aconteceu algo profundo com a complexidade social dos dramas de TV nos últimos trinta anos.

A primeira temporada de *24 horas* é, em última análise, uma teia narrativa estendida entre quatro famílias diferentes: o herói Jack Bauer, a mulher e a filha; a família de David Palmer, o senador ameaçado; a família do terrorista sérvio Victor Drazen; e a família informal de funcionários da Unidade de Contraterrorismo (CTU, na sigla em inglês), onde Bauer trabalha. (Esta última funciona como família não apenas porque compartilha um espaço reduzido, mas também porque a dinâmica da agência inclui dois conflitos românticos importantes.) Aqui também representei com linhas claras as ligações sociais relevantes para o enredo do episódio e com linhas escuras as relações cruciais. Em qualquer sentido imaginável, *24 horas* tem uma rede social pelo menos três vezes mais complexa do que *Dallas*: a quantidade de personagens; a quantidade de grupos diferentes; as ligações entre personagens e entre grupos; a quantidade de relações centrais à narrativa do episódio. O mundo social de *Dallas* é o de uma família ampliada: os personagens principais são parentes diretos uns dos

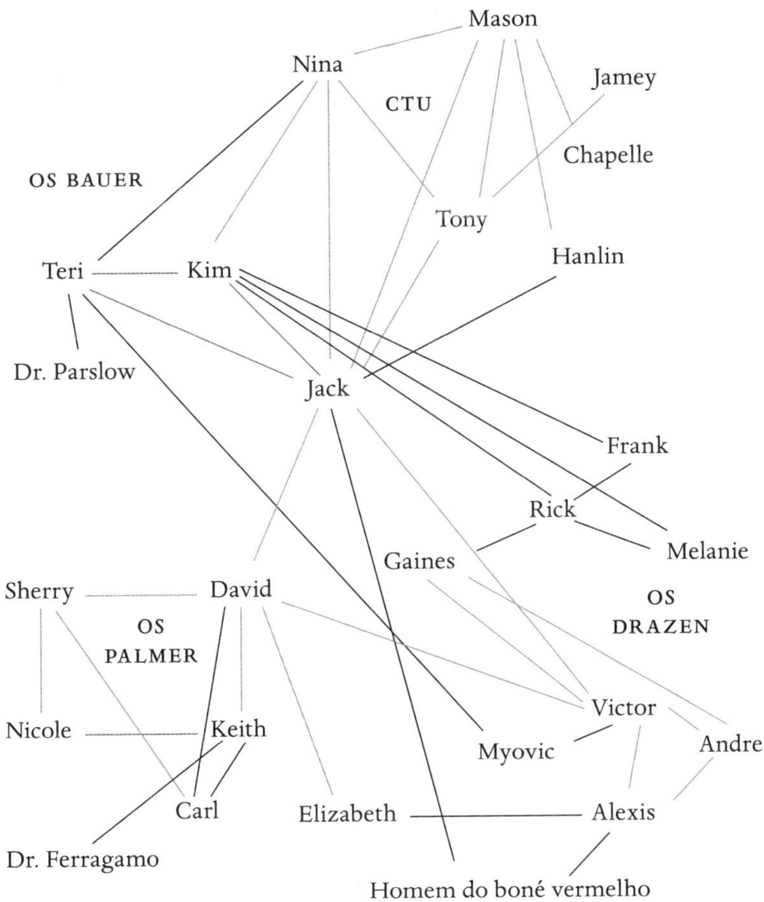

outros, e os demais têm papéis secundários. Por sua vez, *24 horas* está mais próximo da escala de uma pequena aldeia, com quatro clãs rivais ligados por dezenas de vínculos. Na verdade, a rede social de *24 horas* equipara-se à rede social comum em romances de Jane Austen ou George Eliot, ambientados em vilarejos ou propriedades rurais. Os diálogos e as descrições são mais nuançados nessas obras clássicas, é claro, mas, no que diz respeito a redes sociais necessárias para a compreensão da narrativa, *24 horas* não deixa a desejar.

Se assistirmos a esses dois episódios de *Dallas* e *24 horas* um depois do outro, a diferença fica evidente. A rede social de *Dallas* é perfeitamente inteligível na estrutura do próprio episódio, mesmo que o espectador nunca tenha visto o programa e nada saiba sobre seus personagens. Os criadores do programa inserem setas chamativas ao longo da abertura – uma grande festa de aniversário para Jock, o patriarca da família – que traçam laboriosamente as principais relações e tensões na família. Acompanhar os acontecimentos que se seguem quase não exige esforço: as cenas são lentas o bastante, e as muletas narrativas são óbvias o bastante, tanto que um aficionado atual por televisão provavelmente vá achar o argumento frouxo e óbvio. Se vir um episódio isolado de *24 horas*, um espectador ficará completamente perplexo com os acontecimentos, porque eles se fundamentam em uma rede muito complexa de relações, sendo que quase todas foram definidas anteriormente na série. De maneira bem apropriada a uma narrativa apresentada em tempo real, *24 horas* não desperdiça preciosos segundos explicando a história pregressa; se você não lembra que Nina e Tony têm um caso, ou que Jack e David colaboraram em uma tentativa de assassinato contra Drazen, vai achar difícil acompanhar. O programa não estende a mão aos não iniciados. Mas, mesmo que se *tenha* acompanhado atentamente a temporada, vai ser preciso esforço para seguir a trama, precisamente porque há muitas relações em evidência.

Na verdade, o mapa da rede social de *24 horas* é insuficiente para representar o esforço cognitivo necessário ao entendimento do programa. Como narrativa de conspiração – que apresenta vários "espiões" proeminentes –, cada episódio sempre sugere o que podemos chamar de relações-fantasma entre os personagens, uma ligação social deliberadamente omitida na tela, mas que os espectadores inevitavelmente consideram por conta própria. Nesse episódio de *24 horas*, Teri, a mulher de Jack Bauer, sofre de amnésia temporária e passa algum tempo sob os cuidados de um personagem novo, o dr. Parslow, sobre o qual o espectador não sabe nada. O programa não mostra qualquer ligação direta com Victor Drazen, o arquivilão, mas, vendo Parslow consolar Teri, o espectador busca compulsivamente pistas que possam ligá-lo a Drazen. (O mesmo tipo de escrutínio acompanha todos os personagens na CTU, por causa da trama envolvendo os espiões.) Em *24 horas*, acompanhar a trama não exige apenas atenção a todos os pontos que o programa liga para o espectador; o atrativo está também em considerar ligações *em potencial*, mesmo que elas não tenham sido apontadas deliberadamente na tela. Não é preciso dizer que *Dallas* marca todas as relações sociais com tinta permanente; o choque de "Quem atirou em JR?", episódio final de temporada, residia precisamente no fato de que uma ligação social – entre JR e o assassino frustrado – pela primeira vez *não* foi entregue explicitamente pelo programa.

Mais uma vez, a tendência de longo prazo da Curva do Dorminhoco é clara: uma das redes sociais mais complexas na televisão popular nos anos 1970 parece praticamente infantil perto das redes sociais dos programas de sucesso atuais. O espectador moderno que assiste a *Dallas* em DVD vai se entediar com o conteúdo – não apenas porque o programa é menos obsceno do que as novelas de hoje em dia (e só por uma pequena margem), mas porque o programa contém muito menos *informação* em cada cena. Com *Dallas*, o espectador não precisa pensar para entender o que está acontecendo, e não precisar pensar é entediante. O seriado *24 horas* segue uma abordagem oposta, preenchendo cada cena com várias camadas de afiliações. É preciso atenção para seguir a trama, e ao prestar atenção o espectador está exercitando a parte do cérebro que mapeia redes sociais. O conteúdo do programa pode ser sobre assassinatos por vingança e ataques terroristas, mas o aprendizado colateral envolve algo inteiramente distinto e mais nutritivo. Trata-se de relações.

A internet

Os espectadores que se perdem na rede social de *24 horas* dispõem de um recurso que os de *Dallas* não tinham: os numerosos sites e comunidades que partilham informações sobre programas populares de televisão. Assim como os espectadores de *O aprendiz* analisaram a ética profissional questionável de Troy até o último detalhe, os fãs de *24 horas* documentam e debatem à exaustão cada ligeiro olhar, cada breve alusão na série, elaborando guias minuciosos dos episódios e listas de "perguntas mais frequentes". Na época em que este livro foi escrito, havia em um site do Yahoo! mais de 40 mil posts diferentes enviados por pessoas comuns, cada uma contribuindo com sua própria análise do episódio da noite anterior, fazendo perguntas sobre reviravoltas da trama ou especulando sobre a temporada seguinte. Assim como os programas ficaram mais complexos, também os recursos para compreender essa complexidade se multiplicaram. Se alguém se perde na rede social de *24 horas*, sempre poderá encontrar orientação na internet.

E isso nos leva a outra peça crucial no quebra-cabeça da Curva do Dorminhoco: a internet. Não apenas porque o mundo on-line oferece recursos que ajudam a sustentar uma programação mais complexa em outras mídias, mas também porque o processo de aclimatação à nova realidade das comunicações em rede tem produzido um efeito salutar em nossa mente. É bom nos lembrarmos da velocidade com que o mundo industrializado adotou as muitas formas de mídia eletrônica participativa – dos e-mails ao hipertexto, das mensagens instantâneas aos blogs. O público adotou a televisão e o cinema em escalas temporais semelhantes, mas nenhum dos dois exigia a mesma curva de aprendizado do e-mail ou da internet. Uma coisa é adaptar o estilo de vida para arranjar tempo de ficar sentado vendo uma imagem em movimento em uma tela; outra, muito diferente, é aprender toda uma nova linguagem e um pequeno exército de ferramentas de software. Parece quase absurdo pensar nisso agora, mas quando a ideia dos documentos em hipertexto entrou no domínio popular, no início da década de 1990, era claramente algo de vanguarda, promovido por uma facção literária experimentalista que pretendia acabar com as restrições da frase linear e do livro encadernado. Menos de uma década depois, algo extraordinário aconteceu: para centenas de milhões – ou mesmo bilhões – de pessoas, explorar estruturas não lineares em documentos passou a ser tão natural quanto usar o telefone. A aceitação em massa do hipertexto é como o episódio "The Betrayal", de *Seinfeld*: uma forma cultural que já esteve limitada a sensibilidades de vanguarda agora é desfrutada alegremente por avós e universitários de todo o mundo.

Não vou insistir nesse ponto, porque a premissa de que o aumento de interatividade faz bem ao cérebro não é nova. (Há mais de uma década, um grande número de críticos perspicazes – Kevin Kelly, Douglas Rushkoff, Janet Murray, Howard Rheingold, Henry Jenkins – vem apresentando variações desse argumento.) Mas vou dizer o seguinte: a ascensão da internet desafiou nossa mente de três maneiras fundamentais e correlacionadas: por ser participativa, por forçar os usuários a aprender novas interfaces e por criar novos canais de interação social.

Quase todas as formas de atividade on-line são participativas por natureza: escrever e-mails, enviar mensagens instantâneas, criar fotologs, postar análises extensas do episódio de *O aprendiz* da noite anterior. Steve Jobs gostava de descrever a diferença entre televisão e internet como a diferença entre mídias para o usuário se recostar na poltrona ou para ele se sentar na beirada da cadeira. O computador conectado à internet faz o usuário se inclinar, prestar atenção, se envolver, enquanto a televisão estimula a distração. (Mas, é claro, não tanto quanto antigamente.) Esse é o conhecido argumento de que a interatividade faz bem, e é uma prova de que o senso comum de vez em quando é mesmo sensato.

Havia um tempo, na primeira onda do entusiasmo com a internet vários anos atrás, em que ainda era possível encarar com ceticismo o grau de participação que a nova mídia viria a adquirir. Todos admitiam que e-mails e hyperlinks iriam se tornar atividades cotidianas, mas quantas pessoas de fato se interessariam em publicar material mais extenso na internet? E, se fosse pequena a quantidade de gente – se a maior parte do conteúdo na internet acabasse sendo produzida por escritores e editores profissionais –, essa mídia seria, afinal de contas, tão diferente do estado de coisas anterior?

A tremenda expansão do mundo dos blogs de 2003 para cá conseguiu eliminar essa objeção. Segundo um estudo de 2004 feito pelo Pew Charitable Trust, mais de 8 milhões de americanos afirmaram manter um blog ou diário pessoal on-line. Technorati, o esplêndido serviço de acompanhamento de blogs, registra que, em média, são publicados aproximadamente 275 mil posts por dia – dos quais apenas uma fração minúscula é de escritores profissionais. Depois de apenas dois anos de expansão, só nos Estados Unidos a quantidade de blogueiros ativos alcançou a dimensão da audiência no horário nobre da televisão aberta.

Então por que os céticos erraram tanto sobre a demanda pela autopublicação? Seu principal erro foi supor que o conteúdo produzido nessa nova era seria parecido com o jornalismo à antiga: artigos de opinião, resenhas de filmes, análises culturais. Claro que existem muitos jornalistas amadores, mas o grosso das publicações pessoais é apenas isso, *pessoal*: o diário on-line é o modo discursivo dominante na blogosfera. As pessoas estão usando essas novas ferramentas não para opinar sobre a privatização da previdência social; as estão usando para falar da própria vida. Há uma década Douglas Rushkoff cunhou o termo *"screenagers"** para definir a primeira geração que cresceu com a ideia de que as imagens na televisão podiam ser manipuladas, que não estavam ali apenas para ser consumidas

* Neologismo criado com a aglutinação das palavras inglesas *screen* (tela) e *teenager* (adolescente). (N.E.)

passivamente. A geração seguinte está levando essa lógica a um novo extremo: a tela não é apenas algo que o usuário pode manipular, mas algo em que ele projeta sua identidade, um lugar em que desenvolve a história de sua vida à medida que ela se desdobra.

Não há dúvida de que essa projeção pode criar situações esquisitas ou prejudiciais, dada a intimidade pública do diário on-line e o potencial para fraudes de identidade. Mas toda tecnologia nova pode ser explorada para objetivos nefastos. Para a ampla maioria desses 8 milhões de blogueiros, esses novos canais de autoexpressão foram um acréscimo maravilhoso a suas vidas. Não há como negar que o conteúdo do diário on-line típico pode ser infantil. Afinal de contas, muitas vezes eles são criados por jovens. Mas há trinta anos esses jovens não passavam seu tempo livre escrevendo romances ou compondo sonetos; estavam assistindo a *Laverne & Shirley*. É melhor que as mentes componham ativamente as novelas de suas próprias vidas do que estejam distraídas na frente das de outras pessoas.

A internet, na verdade, teve também um efeito colateral positivo sobre a televisão, liberando-a de tarefas para as quais o meio não estava bem-preparado de maneira inata. Como veículo para narrativas e para intimidade em primeira pessoa, a televisão pode ser uma mídia excelente, capaz de transmitir experiências bastante complexas. Mas, como fonte de informação, tem suas limitações. A ascensão da web permitiu que a televisão passasse algumas de suas responsabilidades relacionadas ao compartilhamento de informações para uma plataforma concebida especificamente para compartilhar informação. Este trecho de *Amusing Ourselves to Death*, de Postman, mostra exatamente quanto as coisas mudaram nas duas últimas décadas:

> A televisão ... abrange todas as formas de discurso. Ninguém vai ao cinema para se informar sobre a política governamental ou os últimos avanços da ciência. Ninguém compra um disco para se informar sobre os resultados esportivos, o clima ou o assassinato mais recente. ... Mas todo mundo assiste televisão para tudo isso e mais ainda, e é por isso que a televisão ecoa com tanta força por toda a cultura. A televisão é o principal modo que nossa cultura tem de saber sobre si mesma.

Não há dúvida de que, em termos de total de horas, a televisão continua sendo a mídia dominante na vida americana, mas também não há dúvida de que a internet está se aproximando a uma velocidade extraordinária. Se as primeiras adesões indicam alguma coisa, esse domínio não vai durar muito. E, quanto aos tipos de indagação que Postman descreve – política governamental ou resultados esportivos –, a internet tornou-se a primeira fonte que as pessoas consultam. O Google é a principal maneira que *nossa* cultura tem de saber sobre si mesma.

O segundo modo como a ascensão da internet desafiou as mentes caminha em paralelo com os sistemas de regras dos videogames: o ritmo cada vez mais rápido de novas plataformas e novos softwares força o usuário a sondar e dominar novos ambientes. Sua mente está concentrada no conteúdo interativo da mídia em rede – postando uma resposta a um artigo, mantendo três conversas de mensagens instantâneas ao mesmo tempo –, mas ele também está exercitando músculos cognitivos ao interagir com a *forma* da mídia: aprendendo os truques de um novo cliente de e-mail, configurando adequadamente o software de bate-papo, descobrindo como se orientar depois de instalar um novo sistema operacional. Esse tipo de solução de problemas pode ser um desafio desagradável, é claro, mas o mesmo pode ser dito de álgebra. Não é porque é chato rodar um diagnóstico no sistema quando o navegador trava que as habilidades lógicas deixam de ser exercitadas quando se busca uma solução. Essa camada extra de envolvimento cognitivo deriva em grande parte da proeminência cada vez maior da interface na tecnologia digital. Quando chegam novas ferramentas, é preciso aprender para que elas servem, mas também é preciso aprender as regras que governam seu uso. Para ser um usuário eficiente de telefone, é preciso perceber a utilidade essencial da possibilidade de ter conversas em tempo real com pessoas fisicamente distantes *e* é preciso dominar a interface do aparelho telefônico propriamente dito. Esse mesmo princípio vale também para as tecnologias digitais, só que as interfaces se expandiram tremendamente em profundidade e complexidade. Não há muito desafio cognitivo em aprender o funcionamento de um telefone analógico. Mas é possível passar uma semana explorando cada recanto do Microsoft Outlook.

Da mesma maneira que vimos no mundo dos games, o aprendizado dos detalhes de uma nova interface pode ser um prazer genuíno. Essa parte da história raramente é contada quando se descreve nosso relacionamento sempre em evolução com os softwares. Há uma espécie de maravilhamento exploratório no ato de baixar um novo programa e navegar por seus comandos e suas caixas de diálogos, aprendendo intuitivamente quais são os truques. Muitas vezes achei mais divertido explorar alguns programas pela primeira vez do que de fato usá-los – porque na exploração inicial é possível desfrutar funcionalidades que são bem-boladas, mas não muito úteis. Isso pode parecer algo que só um experiente *geek* tecnológico diria, mas desconfio que esse sentimento tem estado muito mais em voga nos últimos anos. Pensemos nos milhões de consumidores de música que baixaram o software iTunes, da Apple. Tenho certeza de que muitos gostaram de seu primeiro passeio pelo programa, vendo todas as ferramentas que iriam revolucionar a maneira como eles ouviam música. Muitos deles, imagino, ignoraram completamente o manual, preferindo sondar o programa da mesma maneira como investigariam o mundo virtual de um game: por dentro. Essa sondagem é uma forma poderosa de atividade intelectual – afinal de contas, o usuário está aprendendo as regras de um sistema complexo sem qualquer guia. E é ainda mais poderoso porque é divertido.

E tem também a questão da conexão social. A outra preocupação que os céticos a respeito da internet declararam uma década atrás girava em torno do distanciamento do espaço público; sim, a internet poderia nos conectar a um novo mundo de informação, mas haveria um custo social terrível, confinando-nos diante de monitores estéreis, longe da vitalidade das comunidades genuínas. Na verdade, quase tudo de mais badalado que apareceu na internet nos últimos anos foram ferramentas para aumentar as conexões sociais: sites de anúncios pessoais, redes sociais e de negócios, como o Friendster, o Meetup.com, que foi tão importante para a organização política da campanha presidencial de 2004, as muitas ferramentas criadas para aprimorar a conversação entre blogueiros – para não mencionar todos os dispositivos portáteis que agora usamos para coordenar novos tipos de encontros no mundo real. Algumas dessas ferramentas criam novos modos de comunicação que são completamente digitais (os diálogos entre blogueiros por meio de links cruzados). Outras usam a rede de computadores para facilitar encontros ao vivo (como o Meetup). Outras envolvem uma dança híbrida de encontros reais e virtuais, como no mundo dos anúncios pessoais, no qual namoros de carne e osso geralmente seguem-se a semanas de flerte on-line. Ferramentas como o Google realizaram o antigo sonho de que máquinas digitais se tornassem extensões de nossa memória, mas os novos aplicativos de redes sociais fizeram algo que os visionários jamais imaginaram: estão incrementando também nossa sociabilidade, ampliando nossas redes de contatos e criando novas possibilidades para que estranhos compartilhem ideias e experiências.

A sociedade da televisão e do automóvel trancou as pessoas na sala de estar, longe dos conflitos e da vitalidade do espaço público, mas a internet reverteu essa tendência de longo prazo. Após meio século de isolamento tecnológico, finalmente estamos aprendendo novas maneiras de nos relacionar.

Cinema

Terá o cinema passado por uma transformação equivalente? A resposta, acho eu, é: sim, em termos. O incremento óbvio da complexidade no cinema popular está no aspecto visual e tecnológico: efeitos especiais impressionantes; edição ágil. Esse é um desenvolvimento interessante e divertido, mas provavelmente não produziria qualquer efeito benéfico em nossa mente. Será que vemos no cinema o mesmo aumento de complexidade narrativa, o mesmo "preenchimento de lacunas" que vemos nos programas da televisão atual? Bem no topo da lista dos campeões de bilheteria há evidência de atividade da Curva do Dorminhoco. Para fazermos uma boa comparação entre semelhantes, contrastemos a escala épica e a trama intricada da trilogia *O senhor dos anéis* e a trilogia original de *Guerra nas estrelas*. Lucas pegou parte da estrutura de *Guerra nas estrelas* nos romances de Tolkien, mas, ao traduzi-la para um épico espacial popular, simplificou dramaticamente a cosmologia da narrativa. Ambos apresentam um conflito entre escuridão e luz, é claro, e a estrutura geral da jornada épica. Mas os detalhes são radicalmente distintos. Em qualquer critério de complexidade – quantas linhas narrativas é preciso seguir, quantas informações de pano de fundo é preciso interpretar rapidamente – *O senhor dos anéis* é muito mais desafiador do que *Guerra nas estrelas*. A maneira mais fácil de se perceber isso é simplesmente contar quantos personagens estão associados a tramas ativas, personagens que afetam o enredo de alguma forma importante e que possuem uma biografia apresentada no filme. *Guerra nas estrelas* tem, no máximo, dez:

Luke Skywalker
Han Solo

Princesa Leia Organa
Grande Moff Tarkin
Ben Obi-Wan Kenobi
C-3PO
R2-D2
Chewbacca
Darth Vader

O senhor dos anéis, por outro lado, obriga o espectador a acompanhar quase três vezes mais:

Odo Pé-Soberbo
Sam Gamgi
Sauron
Boromir
Galadriel
Legolas Verdefolha
Pippin
Celeborn
Gil-galad
Bilbo Bolseiro
Gandalf
Saruman
Lurtz
Elendil
Aragorn
Haldir
Gimli
Gollum
Arwen
Elrond
Frodo Bolseiro

A Curva do Dorminhoco do cinema é mais pronunciada no gênero de filmes infantis. Os grandes sucessos da última década – *Toy Story*; *Shrek*; *Monstros S.A.* e o campeão de todos os tempos em matéria de fazer dinheiro, *Procurando Nemo* – seguem trilhas narrativas muito mais intricadas do que filmes mais antigos, como *O rei Leão*, *Mary Poppins* ou *Bambi*. Muito já se escreveu sobre a destreza com que os criadores desses filmes recentes constroem camadas distintas de informação em seus enredos, diálogos e efeitos visuais, gerando uma espécie de forma híbrida que fascina as crianças sem entediar os adultos. (*Toy Story*, por exemplo, abriga um batalhão de referências visuais a outros filmes – *Indiana Jones e os caçadores da arca perdida*, *Os eleitos*, *Jurassic Park* – que não estariam fora de lugar em um episódio de *Os Simpsons*.) Mas a mudança mais significativa nesses filmes recentes é estrutural.

Tomemos como comparação representativa os enredos de *Bambi* (1942), *Mary Poppins* (1964) e *Procurando Nemo* (2002). Deixemos de lado a questão das lições de vida transmitidas por esses filmes – são todas louváveis, é claro – e nos concentremos na quantidade de personagens distintos que desempenham um papel integral na trama de cada obra, personagens que possuem algumas informações biográficas e se desenvolvem ou mudam ao longo do filme. (Personagens com um "arco dramático", pelo jargão dos roteiristas.) Os três filmes contêm uma unidade familiar central: Bambi e Flor, os Banks, Nemo e o pai viúvo. Eles também possuem um ou dois coadjuvantes principais que complementam a unidade familiar: Tambor, Mary Poppins e Bert, a amnésica Dory. Mas, para além dessas características comuns, os enredos divergem enormemente. O enredo de *Bambi* gira quase exclusivamente em torno desses três indivíduos principais; *Mary Poppins* apresenta cerca de cinco personagens extras que possuem seus respectivos arcos dramáticos e informações biográficas (o limpador de chaminés Bert, o tio risonho, o presidente do banco). No entanto, para seguir a trama de *Procurando Nemo* é preciso acompanhar quase vinte personalidades únicas: os três amigos de escola de Nemo e o professor; os três tubarões em reabilitação, incluindo Bruce, que "nunca teve pai"; os seis peixes no aquário, liderados por Gill, cuja cicatriz no lado direito o faz se identificar com Nemo e sua nadadeira esquerda debilitada; Crush, a tartaruga surfista; Nigel, o pelicano; o dentista dono do aquário e sua sobrinha malvada. Inclua também uma parada de cerca de dez figurantes oceanográficos – baleias, lagostas, águas-vivas –, todos desempenhando papéis instrumentais nas narrativas, embora não tenham personalidades claramente definidas. Tenho uma filha de três anos, então sou testemunha de que é possível assistir a *Procurando Nemo* dezenas de vezes e sempre acabar descobrindo novas informações, precisamente porque a narrativa exibe muitos arcos dramáticos distintos ao mesmo tempo. E, no que diz respeito à cabeça da criança, cada exibição do filme está treinando a capacidade de identificar essas diversas linhas, uma espécie de ginástica mental.

Para ver a outra verdadeira explosão de complexidade cinematográfica, é preciso olhar para aqueles filmes de sucesso moderado, faixa em que há um aumento significativo de filmes construídos em torno de enredos terrivelmente complexos, exigindo do público muita atenção e análise só para que se possa entender o que está acontecendo na tela. Eu considero isso uma espécie de novo microgênero: o fundidor de cabeças, o filme feito especificamente para desorientar o espectador, para confundir sua cabeça. A lista inclui *Quero ser John Malkovich*, *Pulp Fiction: tempo de violência*, *Los Angeles: cidade proibida*, *Os suspeitos*, *Amnésia*, *Brilho eterno de uma mente sem lembranças*, *Corra, Lola, corra*, *Doze macacos*, *Adaptação*, *Magnólia* e *Peixe grande e suas histórias maravilhosas*. (Pode-se acrescentar *Matrix* a essa lista, já que, nesse caso, o golpe de gênio foi a maneira perspicaz de se implantar a estrutura de fundir cabeças em um filme de ação de orçamento alto.)

Alguns desses filmes desafiam a mente ao criar uma complexa rede densa de tramas entrecruzadas: outros, ao omitir do público informações cruciais; outros, ao inventar novos truques temporais que invertem as relações tradicionais de causa e efeito; outros, ao turvar deliberadamente a linha entre fato e ficção. (A propósito, todas essas são técnicas clássicas da antiga vanguarda cinematográfica.) Claro que há antecedentes no cânone do cinema: alguns filmes de conspiração dos anos 1970, alguns *thrillers* psicológicos de Hitchcock. Mas os fundidores de cabeça realmente floresceram como gênero na última década – e tiveram um sucesso de bilheteria notável. A maioria dos filmes citados acima teve mais de 50 milhões de dólares só de receita de bilheteria, e todos deram lucro a seus criadores – a despeito do uso de artifícios narrativos que há trinta anos poderiam tê-los confinado nas salas de cinema de arte.

Mas no restante do mundo do cinema, as tendências são menos dramáticas. No topo dos campeões de bilheteria, acho justo dizer que *Independence Day* não é mais complexo que *E.T.: o extraterrestre*; e *O sexto sentido* não é mais desafiador do que *O exorcista*. Hollywood ainda despeja um volume constante de filmes banais voltados para adolescentes e que são tão simples e padronizados quanto os de vinte anos atrás. Por que, então, a Curva do Dorminhoco se estabilizou no mundo dos filmes?

Desconfio que a resposta seja dupla. Em primeiro lugar, o filme narrativo é um gênero mais antigo do que a televisão ou o videogame. A grande explosão da complexidade cinematográfica aconteceu na primeira metade do século XX, na marcha firme que partiu das ilusões de óptica e dos espetáculos de variedades na origem do cinema, passando por *O nascimento de uma nação* e *Cantor de jazz*, chegando a *Cidadão Kane* e *Ben-Hur*. À medida que o cinema narrativo evoluiu como gênero e os espectadores se acostumaram com essa evolução, a forma ficou cada vez mais ousada quanto às exigências cognitivas – assim como aconteceu com a televisão e os games nos últimos trinta anos. Mas, ao longo da história, a complexidade do cinema tem sido refreada por um teto, já que as narrativas estão limitadas a duas ou três horas. Os dramas televisivos que examinamos contam histórias que se desdobram em muitas temporadas, cada uma delas com mais de doze episódios. A escala temporal de um drama televisivo bem-sucedido pode ser de mais de cem horas, o que dá ao enredo tempo para ficar complexo e, aos espectadores, para se familiarizar com os diversos personagens e suas várias interações. De maneira semelhante, o game típico rende cerca de quarenta horas de jogo, e seus objetivos e quebra-cabeças aumentam em complexidade. De acordo com esse padrão, um filme típico de duas horas de Hollywood é o equivalente a um programa-piloto de televisão ou à abertura de um videogame: são poucas as linhas narrativas e sutilezas que podem ser apresentadas durante esse tempo.

Não é por acaso que o mais complexo filme popular de nossa época – a trilogia *O senhor dos anéis* – dura mais de dez horas na versão sem cortes em DVD. Na receita da Curva do Dorminhoco, o ingrediente mais crucial é também o mais simples: tempo.

A Curva do Dorminhoco traça uma tendência na cultura: o entretenimento popular e a mídia ficam cada vez mais complexos com o tempo. Mas quero deixar uma coisa bem clara: a Curva do Dorminhoco não significa que *Survivor* será algum dia considerado nosso *Coração das trevas*, ou *Procurando Nemo*, nosso *Moby Dick*. O senso comum que a Curva do Dorminhoco subverte *não* é a premissa de que a cultura de massa é irrelevante diante da Grande Arte no que se refere à riqueza estética e intelectual. Alguns dramas televisivos recentes de longa duração até podem acabar formando uma espécie de cânone no futuro, juntamente com um punhado de fundidores de cabeça. Sem dúvida, os games também vão desenvolver seu próprio cânone, se é que já não o fizeram. Mas isso é outra discussão. O senso comum que a Curva do Dorminhoco *de fato* subverte é a crença de que as coisas estão piorando: a cultura pop está correndo para o fundo do poço, onde o que vale é a empolgação mais banal. Por isso é importante destacar que mesmo o que há de pior na televisão atual – um programa como *O aprendiz*, por exemplo – não parece tão ruim quando comparado com a escória da televisão de antigamente. Partindo do pressuposto de que sempre haverá mercado para a porcaria, pelo menos a porcaria apresentada em *O aprendiz* tem alguma ligação com a vida real das pessoas: as rivalidades no escritório, suas disputas com a ética flexível e a política sexual do mundo corporativo. Não é o assunto mais profundo na história do entretenimento, mas, em comparação com a baboseira dos grandes sucessos do passado – em comparação com *Mork & Mindy* ou *Who's the Boss?* –, é ouro puro.

Mas argumentar com essa comparação pode ser interpretado como estabelecer um padrão muito baixo. Talvez o apetite do público por entretenimento barato não seja uma constante sociológica. Se considerarmos que o ecossistema da televisão sempre vai oferecer programas que se enquadram em um espectro de qualidade – alguns, lixo, outros, clássicos, e um bocado no meio –, então é um bom sinal que o lixo pareça ser mentalmente mais desafiador à medida que a mídia evolui. Mas, se fosse possível evitar todo o lixo – uma nação de espectadores de canais educativos –, então não deveríamos ficar satisfeitos com programas cujo único mérito é não serem tão idiotas quanto os de antigamente.

Quando as pessoas defendem a possibilidade de semelhante utopia cultural, costumam chamar atenção para a lista de best-sellers literários de antigamente, que supostamente mostra a massa devorando obras de grande complexidade e mérito artístico. O caso clássico de erudição sofisticada aliada a sucesso popular é Charles Dickens, que por um bom tempo na metade do século XIX foi o escritor mais popular da língua inglesa e também (exceto, talvez, George Eliot) o mais inovador. Se os vitorianos estavam dispostos a fazer fila para ler *A casa soturna* – com suas mais de oitocentas páginas e suas intricadas reviravoltas, sem falar de sua genialidade artística –, por que deveríamos nos contentar com *O aprendiz*?

É verdade que o brilhantismo de Dickens reside, pelo menos em parte, em sua capacidade de expandir o alcance formal do romance e ao mesmo tempo construir um público enorme disposto a acompanhá-lo. Realmente, Dickens ajudou a inventar algumas das convenções essenciais do entretenimento de massa que hoje em dia temos como dadas – grandes grupos de estranhos com interesse comum por uma narrativa seriada. O fato de ele ter conseguido, além disso, criar obras de arte duradouras é um dos milagres da história literária, embora, é claro, tenha sido preciso quase um século para que as Autoridades Culturais o incluíssem como membro incontestável do cânone literário, em parte porque seus romances foram tachados pelo sucesso comercial, e em parte porque o estilo cômico de Dickens fez com que sua obra parecesse menos séria do que a de seus contemporâneos.

Então, se Dickens pôde equilibrar Grande Arte e Sucesso de Público, por que deveríamos tolerar algumas dessas criaturas inferiores que povoam o topo das pesquisas de opinião atuais? A resposta, creio eu, é que a definição de "sucesso de público" mudou desde os tempos de Dickens. Em média, Dickens vendeu cerca de 50 mil exemplares das versões seriadas de seus romances, em uma época em que a população britânica era de aproximadamente 20 milhões de pessoas. Se o público em potencial de Dickens fosse do tamanho dos Estados Unidos de hoje – 280 milhões de pessoas –, ele teria vendido algo em torno de 800 mil exemplares de seus lançamentos. Os programas mais inovadores na televisão atual – *The West Wing*, *24 horas*, *Os Simpsons*, *Família Soprano* – muitas vezes atraem de 10 a 15 *milhões* de espectadores. Nesse cálculo, então, *The West Wing* é mais ou menos vinte vezes mais de "massa" do que Dickens, embora Dickens não tenha tido nenhum rival na mídia de massa disputando a atenção do público – nada de televisão, rádio ou cinema. Não é de espantar que Dickens fosse capaz de persuadir seus leitores a acompanhar suas inovações retóricas. No seu tempo, Dickens tinha a audiência *per capita* que hoje em dia ligaria a televisão para ver uma adaptação de *A casa soturna* no canal educativo. Sua audiência era de massa para os padrões vitorianos; nenhum escritor genuinamente literário havia atraído tantos leitores antes. Mas, pelos padrões modernos, ele estava escrevendo para a elite.

Dickens pode não ter sido um escritor de massa segundo padrões modernos, mas não é preciso ir longe para encontrar exemplos de verdadeiros sucessos culturais de massa que são ao mesmo tempo os mais complexos e mais nuançados em suas categorias. Videogames violentos como Quake ou Doom tendem a dominar as discussões sobre games na mídia geral, mas o fato é que jogos de tiro são raros nas listas de best-sellers. Os dois gêneros que sempre têm dominado as listas ao longo da história são formas de simulação complexa: os jogos de esportes, ou jogos de simulação como SimCity ou Age of Empires. O game mais popular de todos os tempos é a saga doméstica The Sims. (O máximo de violência que acontece em The Sims é quando um dos personagens virtuais não consegue pagar as contas do mês.) As simulações de esportes alcançaram tal nível de detalhes que os jogos de beisebol com dados que eu explorei quando era criança ficam parecendo jogo da velha – não apenas por causa de seu visual quase fotográfico, mas da capacidade que o jogador tem de controlar e modelar os aspectos mais microscópicos do jogo. O simulador de beisebol 2k3, da Sega, permite a administração de uma organização inteira: comprar e vender jogadores, desenvolver times de categorias secundárias, negociar contratos e salários. (Ele não é, a propósito, um universo apenas de números. As emoções também são um fator. Basta deixar por alguns dias no banco de reservas um figurão bem pago, e a produtividade dele vai diminuir, exatamente como aconteceria em um campo no mundo real.) Quanto às simulações históricas e sociais, basta pensar em meu sobrinho aprendendo sobre os efeitos dos impostos na indústria quando estava jogando SimCity. Os games violentos talvez sejam os mais polêmicos, mas os que certamente geram filas nas lojas são os que exigem mais pensamento. De alguma forma, nesta era de gratificação instantânea e de distúrbios de déficit de atenção, nesta era de violência gratuita e de diversão banal, os jogos intelectualmente mais desafiadores são também os mais populares. E eles estão ficando cada vez mais desafiadores com o passar dos anos.

Eis então o panorama da Curva do Dorminhoco. Games que nos forçam a fazer sondagem e telescopia. Programas de televisão que exigem que a mente preencha as lacunas ou exercite sua inteligência emocional. Softwares que nos fazem sentar na beirada da cadeira, e não recostar na poltrona. Mas, se a tendência de longo prazo da cultura pop é de aumento de complexidade, existe alguma evidência de que nossos cérebros estão refletindo essa mudança? Se a mídia de massa está oferecendo um exercício mental cada vez mais rigoroso, existe alguma informação empírica que mostre um consequente crescimento de nossa musculatura cognitiva?

Em uma palavra: sim.

Parte II

"E Nietzsche, com sua teoria do eterno retorno. Ele disse que, para toda a eternidade, vamos sempre viver a vida que vivemos exatamente da mesma maneira. Ótimo. Isso quer dizer que vou ter que aguentar mais uma apresentação daquele espetáculo de patinação no gelo."

Woody Allen

No final dos anos 1970, James Flynn, um filósofo militante inveterado pelos direitos humanos, começou a investigar a história dos resultados de QI, com a intenção de refutar os estudos publicados pelo controverso acadêmico Arthur Jensen, cuja obra mais tarde influenciou o ainda mais controverso *The Bell Curve*. A pesquisa de Jensen havia mostrado um suposto hiato entre o QI de brancos e de negros, hiato que não poderia ser atribuído a diferenças de instrução ou renda. Apesar de sua falta de treinamento profissional na área, Flynn decidiu entrar na briga e provar que os testes de QI eram mais influenciados pela cultura do que Jensen havia imaginado, fazendo do hiato racial de QIs um subproduto da história, não da biologia. A investigação de Flynn levou-o a registros militares que mostravam claramente um aumento radical no QI dos afro-americanos nos últimos cinquenta anos, uma tendência que de início parecia apoiar seu argumento contra Jensen: à medida que os afro-americanos conquistavam maior acesso ao sistema educacional, seus índices de QI cresciam proporcionalmente.

Mas, analisando atentamente os dados, Flynn encontrou algo que desafiou suas expectativas. Os índices dos negros estavam crescendo, evidentemente. Mas os dos brancos estavam crescendo quase no mesmo ritmo. Independentemente de classe, raça ou educação, todos os americanos estavam ficando mais inteligentes. Flynn conseguiu quantificar a mudança: em 46 anos, o QI do povo americano havia aumentado, em média, 13,8 pontos.

A tendência havia passado despercebida por tanto tempo porque as instituições que avaliavam o QI normalizavam os exames de forma rotineira para garantir que uma pessoa de inteligência média tirasse 100.

Então, de vez em quando, elas revisavam os números e ajustavam o teste para fazer com que a pontuação mediana fosse de 100. Sem perceber, estavam aumentando lenta mas continuamente a dificuldade do teste, como se estivessem aumentando a velocidade de uma esteira de exercícios. Olhando apenas a história dos resultados propriamente ditos, eles pareciam estar correndo no mesmo lugar, imutáveis ao longo do século passado. Mas, se fosse considerado o incremento de dificuldade dos próprios testes, o quadro mudava radicalmente: as pessoas avaliadas estavam ficando mais inteligentes.

Muitos de vocês podem ser da opinião de que o QI vem sendo desmascarado por desenvolvimentos recentes nas ciências do cérebro e na sociologia, e até certo ponto isso é verdade. Esse desmascaramento assumiu duas formas principais: mostrou-se que o QI é mais vulnerável às condições ambientais do que seu rótulo original de "inteligência inata" indicava; e que a inteligência medida pelos testes de QI reflete apenas uma parte do espectro da inteligência humana. Mas essas objeções – por mais verdadeiras que sejam – não desmentem de forma alguma a tendência descrita pelo Efeito Flynn. Na verdade, elas podem torná-la mais interessante.

É claro que existem diversas formas de inteligência, das quais apenas algumas são medidas pelos testes de QI: a inteligência emocional, por exemplo, é inteiramente ignorada por todos os padrões tradicionais de QI. E o Efeito Flynn oferece o que para muitos constitui evidências incontestáveis de que o QI é profundamente determinado pelo ambiente, já que a genética não é suficiente para explicar uma elevação tão grande em tão pouco tempo. Assim, quando os críticos se opõem à prática de comparar o QI de indivíduos ou grupos – como na observação feita em *The Bell Curve* de que os afro-americanos têm, em média, QI mais baixo do que os americanos brancos –, suas objeções têm mérito verdadeiro: porque o QI não é a única unidade de medida de inteligência real e porque diferenças de QI podem ser devidas, em grande parte, a fatores ambientais. Deste modo, os índices de QI são menos relevantes na comparação da inteligência de, digamos, diferentes grupos étnicos – ou mesmo de diferentes candidatos a um curso de faculdade.

Então por que o QI é relevante para a Curva do Dorminhoco? Porque diferenças *entre* gerações não apresentam os mesmos problemas que diferenças *em uma mesma* geração. Observando um instantâneo dos testes de QI para negros e brancos em 1975, explicar a diferença é algo necessariamente nebuloso: cada grupo possui diferentes combinações de genes *e* diferentes ambientes. Mas, examinando o QI de geração para geração, a imagem fica mais clara. Desaparecem quaisquer possíveis diferenças genéticas entre os grupos, porque está sendo observado o QI médio da sociedade inteira. O *pool* genético não mudou em uma geração, e mesmo assim a pontuação subiu. Algum fator ambiental (ou alguma combinação de fatores) deve ser o responsável pelo aumento nas formas específicas de inteligência medidas pelo QI: solução de problemas, raciocínio abstrato, reconhecimento de padrões, lógica espacial.

Psicólogos, cientistas sociais e outros especialistas em psicometria tiveram vinte anos para estudar o Efeito Flynn; embora ainda haja muito debate sobre as causas concretas por trás do aumento de QI, a existência propriamente dita dessa tendência não é contestada. Os QIs vêm crescendo a uma taxa extraordinária na maioria dos países desenvolvidos ao longo dos últimos cem anos: em média 3 pontos por década. Alguns estudos sugeriram que a própria taxa de crescimento está acelerando: os índices médios na Holanda, por exemplo, aumentaram 8 pontos entre 1972 e 1982. Um punhado de pontos pode não parecer muito, mas os números se acumulam rapidamente. Imaginemos o seguinte cenário: uma pessoa cujo resultado no teste está entre os 10% mais altos dos Estados Unidos em 1920 viaja oitenta anos no futuro e faz o teste de novo. Graças ao Efeito Flynn, seu índice hoje estaria na terça parte mais baixa da escala. O gênio de ontem é o simplório de hoje.

Uma pequena parcela do Efeito Flynn pode ser atribuída à familiarização com os próprios testes. Mas, como Flynn observa, se o mesmo teste de QI for feito várias vezes seguidas por uma pessoa, os benefícios dessa exposição repetida chegam a, no máximo, 5 ou 6 pontos. E o apogeu dos testes de QI foi em meados do século XX. Ao longo dos últimos trinta anos, o aumento nos índices vem se acelerando, ainda que a aplicação dos testes seja menos comum.

O Efeito Flynn também não parece decorrer de uma nutrição melhor. É de conhecimento geral que a altura de um adulto é afetada pela nutrição durante a infância, e de fato a média de altura vem crescendo há quase dois séculos no mundo industrializado. Mas nos Estados Unidos e na Europa essa tendência amainou nas décadas que se seguiram à Segunda Guerra Mundial, supostamente correspondendo a uma diminuição da tendência a uma melhor nutrição infantil. E, no entanto, o período pós-guerra apresenta o aumento mais dramático de QI. Se uma nutrição melhor estivesse afiando nosso cérebro, seria de se esperar que o aumento na altura corresse paralelamente ao do QI. Também seria de se esperar melhoria em todas as categorias de função mental, e não apenas nos testes lógicos de QI. Mas, nos testes que medem capacidades ensinadas especificamente nas salas de aula – matemática ou história –, os estudantes americanos vêm estagnando ou apresentando resultados piores há quase quarenta anos. Isso sugere que o Efeito Flynn não pode ser atribuído à melhoria na educação. Há décadas, um tema recorrente em relação ao sistema educacional dos Estados Unidos vem sendo o enfraquecimento dos resultados nos testes, números citados repetidas vezes sempre que os críticos atacam a precariedade das escolas públicas. Eles estão certos em se queixar, porque esses índices de fato medem capacidades importantes para o sucesso no mundo real, tanto para o indivíduo quanto para a sociedade. Sob esses números lamentáveis, no entanto, permanece uma tendência estranhamente encorajadora: no que diz respeito à pura solução de problemas, estamos ficando mais inteligentes.

Se essas melhorias cognitivas não decorrem de nossas dietas ou de nossas salas de aula, de onde vêm? A essa altura, a resposta já deve ser evidente. Não estamos ficando mais inteligentes devido às mudanças em nossa dieta nutricional, mas sim em nossa dieta *mental*. Consideremos o esforço cognitivo – e as brincadeiras – que uma criança típica de dez anos teria exercido cem anos atrás: ler livros quando eles estivessem disponíveis, brincar com brinquedos simples, jogar bola de maneira improvisada na vizinhança, chutar lata na rua e, acima de tudo, cuidar das obrigações domésticas – ou mesmo trabalhar. Comparemos isso ao domínio cultural e tecnológico de uma criança de dez anos de hoje: acompanhar dezenas de times profissionais; comunicar-se facilmente com os amigos alternando entre telefone, mensagens instantâneas e e-mails; sondar e telescopar imensos mundos virtuais; adotar e reparar novas tecnologias midiáticas sem dificuldade. Graças a seu padrão de vida melhor, essas crianças também têm mais tempo para essas diversões do que seus ancestrais tinham três gerações antes. Pode ser que suas salas de aula estejam superlotadas e seus professores sejam malpagos, mas no mundo fora da escola seus cérebros estão sendo desafiados a cada esquina por novas formas de mídia e tecnologia que cultivam sofisticadas habilidades para a solução de problemas.

Praticamente toda família com crianças pequenas tem uma história cômica sobre como o Júnior sabe programar o vídeo enquanto o papai e a mamãe, com todos os seus diplomas, mal conseguem acertar o despertador. Mas desconfio que não devemos considerar essas habilidades meros conhecimentos tecnológicos superficiais. A capacidade de entender um sistema complexo e aprender suas regras rapidamente é um talento com grande aplicabilidade no mundo real; assim como saber as regras do xadrez, o conteúdo da habilidade não é tão importante quanto os princípios gerais subjacentes a ela. Quando uma criança de dez anos descobre como consolidar todos os sete controles remotos em um único aparelho, ela está exercitando músculos solucionadores de problemas com uma insistência comparável a qualquer coisa que ela esteja aprendendo na escola. É algo bom que nossos filhos configurem nosso *home theater* não porque eles no futuro poderão usar essa habilidade para trabalhar em uma loja de aparelhos eletrônicos, mas porque há uma estrutura louvável nesse tipo de pensamento.

A psicóloga social Carmi Schooler vê o Efeito Flynn como reflexo da complexidade ambiental:

> A complexidade do ambiente de um indivíduo é definida pelas características de seus estímulos e demandas. Quanto mais diversos forem os estímulos,

> maior será a quantidade de decisões exigidas, maior será a quantidade de considerações a serem levadas em conta para essas decisões, e quanto pior forem as definições de suas contingências e quanto mais elas parecerem contraditórias, maior será a complexidade do ambiente. Posto que tal ambiente recompensa o esforço cognitivo, os indivíduos devem ser motivados para desenvolver suas capacidades intelectuais e generalizar os processos cognitivos resultantes para outras situações.

A complexidade ambiental não está limitada à mídia, é claro, mas as características apresentadas por Schooler descrevem precisamente os contornos da Curva do Dorminhoco: o surgimento de mídias – videogames e outras formas interativas – que forçam tomadas de decisão a cada instante; o aumento da complexidade social e narrativa evidente na televisão e em alguns filmes; as recompensas inebriantes do entretenimento popular. Todas essas forças em conjunto criam um ambiente que tende a incrementar habilidades para solucionar problemas. Claro que outras formas de complexidade moderna também podem ser relevantes: na definição de Schooler, os ambientes urbanos são mais complexos do que os rurais, então a migração para as cidades durante a era industrial pode exercer um papel no Efeito Flynn. Mas a maior parte do mundo industrializado passou por essa migração antes da Segunda Guerra Mundial; a tendência pós-guerra foi fugir para os subúrbios. Portanto, a inflexão mais aguda nos índices de QI – o que tem ocorrido nos últimos trinta anos – muito provavelmente está sendo provocada por outra coisa.

O VÍNCULO ENTRE o Efeito Flynn e a mídia popular é uma hipótese, mas há muitas razões para pensar que exista mais do que uma ligação casual. Com o aprofundamento das pesquisas sobre o Efeito Flynn, vieram à luz três importantes tendências, todas paralelas aos desenvolvimentos da cultura popular que descrevi nas páginas anteriores. A primeira é o padrão geral propriamente dito: QIs mais altos refletindo o aumento de complexidade da cultura. Mas, ao explorar em detalhes esses índices, os pesquisadores descobriram uma segunda tendência: o crescimento histórico fica mais radical à medida que os testes se afastam de habilidades – como aptidão matemática ou verbal – que refletem a educação recebida. O Efeito Flynn é mais pronunciado em testes que avaliam o que os psicométricos chamam de *g*, o índice que oferece a melhor aproximação de uma inteligência "fluida". Testes que medem *g* muitas vezes dispensam palavras e números, substituindo-os por perguntas que usam exclusivamente imagens para avaliar a capacidade do indivíduo de perceber padrões e completar sequências com formas elementares e objetos, como no exemplo a seguir, tirado do teste das Matrizes Progressivas de Raven, que pede ao indivíduo que preencha a lacuna com a forma correta entre as oito opções abaixo:

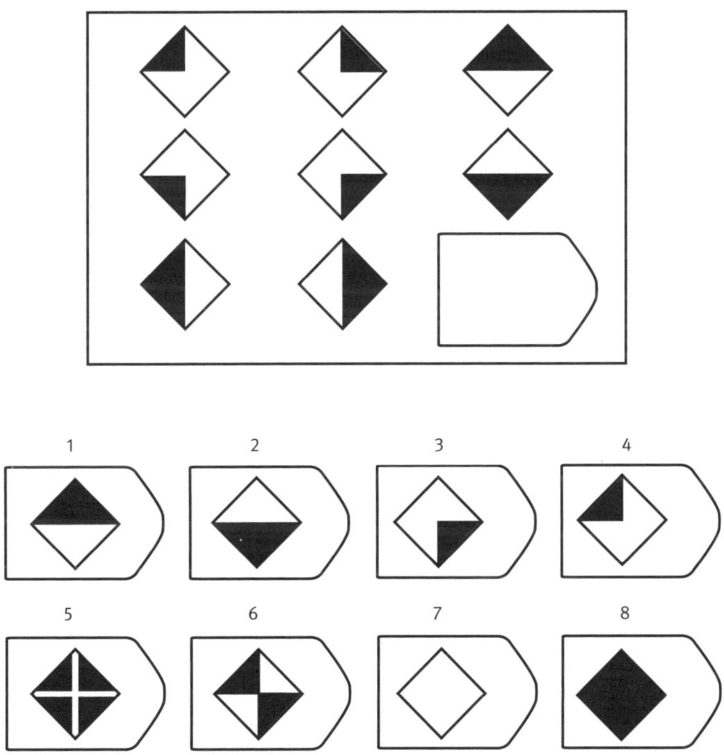

A centralidade dos resultados de *g* em relação ao Efeito Flynn é reveladora. Em testes de inteligência que avaliam capacidades influenciadas pelas salas de aula – os testes Wechsler de vocabulário e aritmética, por exemplo –, o aumento dos resultados é menos visível; os resultados do SAT* têm flutuado erraticamente nas últimas décadas. Mas, considerando apenas as capacidades de solução de problemas e de reconhecimento de padrões que não são ensinadas na escola, a tendência progressiva fica clara. Há algo misterioso nessas tendências simultâneas: se o *g* existe em um vazio cultural, como é possível que os resultados estejam aumentando com tanta velocidade? E, o que é mais intrigante, por que esses resultados estão aumentando mais rapidamente do que as medições de inteligência que refletem a educação? O mistério acaba quando se parte do princípio de que essas habilidades gerais para solucionar problemas *são* influenciadas pela cultura, só que não pela parte dela que convencionou-se associar ao desenvolvimento da inteligência das pessoas. Essas habilidades são resultado do condicionamento realizado pela interação com uma cultura popular cada vez mais desafiadora. Quando passam seu tempo livre interagindo com mídias e tecnologias que as obrigam a "preencher lacunas" e a se "sentar na beirada da cadeira", as pessoas estão desenvolvendo habilidades que acabarão se traduzindo em um índice *g* mais alto. (Para quem ficou curioso sobre suas próprias habilidades, a resposta correta para o teste de Raven na página anterior é 8.)

Consideremos o tipo de pensamento necessário para se sair bem no teste de Raven. Primeiro, a informação é apresentada em uma linguagem visual, não textual. É preciso – literalmente – "preencher" o espaço vazio e completar a sequência. Não dá para fazer isso memorizando fatos ou conhecendo um vocabulário amplo; para fazê-lo, é necessário prestar muita atenção ao quadro, detectar padrões em cada objeto, separar a informação relevante da irrelevante. Na verdade, é apresentado um quadro

* Uma das formas de avaliação adotadas nos Estados Unidos nos processos seletivos para ingresso em universidades. Quando o exame foi concebido, na década de 1940, chamava-se "Scholastic Aptitude Test". (N.E.)

com possíveis pistas que sugerem o que o espaço vazio deveria conter; essas pistas são definidas como uma série de relações: cada forma liga-se às outras no quadro de maneira sutil. Para resolver esse quebra-cabeça, é preciso perceber que as relações essenciais entre as formas acompanham tanto o eixo horizontal quanto o vertical, passando da esquerda para a direita e de cima para baixo, e consistem em somar as áreas escuras nas duas primeiras formas para criar a coloração adequada na terceira. Mas os eixos diagonais, por exemplo, são irrelevantes. Nesse sentido, a natureza da questão tem algo de aberto: parte da solução reside em deduzir quais elementos são pertinentes e quais estão ali para enganar. Se a pergunta fosse qual é a capital do estado americano do Missouri ou qual é a raiz quadrada de 128, não seria preciso analisá-la para determinar quais componentes são relevantes ou não: ou se sabe a resposta de cor ou, no segundo exemplo, conhece o procedimento para obter a raiz quadrada de um número. Os quadros de Raven, por outro lado, forçam o indivíduo a separar o essencial do periférico na própria questão.

É exatamente esse tipo de pensamento que ao longo das últimas décadas se tornou comum na mídia popular. Os videogames, claro, dependem muito desse processo de reconhecimento e decifração de padrões; alguns jogos como o Tetris até mesmo se parecem com o teste de Raven. Ao mapear as complexas relações de *24 horas* para descobrir quem é o espião infiltrado, estamos fazendo uma versão do teste de Raven em uma rede social: procurando padrões de comportamento que revelem uma identidade oculta. Quando tenta descobrir por que o novo cliente de e-mail faz o computador travar, o usuário está analisando um leque de possíveis pistas – separando o essencial do periférico – para encontrar o conflito subjacente. Em todas essas atividades é preciso analisar um quadro complexo, construir mentalmente um modelo funcional e então tomar uma decisão. No sentido mais básico, essas diferentes formas de mídia recompensam o indivíduo por ele *resolver* alguma coisa.

A ênfase, em testes como o de Raven, na abstração para resolver problemas originou-se do desejo de criar testes livres de qualquer viés cultural. Era melhor pedir que as pessoas mentalizassem retângulos giratórios em vez de analisar parágrafos sobre os Fundadores da Nação, porque nesse segundo tipo de pergunta sempre havia fatos e habilidades culturais que favoreciam certos grupos demográficos em detrimento de outros. Por algum tempo, é provável que essa abordagem tenha funcionado, precisamente porque não havia grupos culturais que dessem uma ênfase desproporcional à mentalização de um retângulo girando 270 graus. Mas há alguns anos tudo isso começou a mudar. Apareceu um novo grupo com uma compulsão para girar retângulos o dia inteiro, que literalmente girava retângulos enquanto dormia. Mas esse grupo não obedecia às divisões raciais ou econômicas tradicionais. Essas pessoas não eram alunos de escolas prestigiosas, nem descendentes de imigrantes japoneses, nem pobres da periferia urbana. Eram crianças que jogavam Tetris.

Há outra tendência na história do QI que reflete as inclinações da cultura popular de que falamos. O Efeito Flynn é mais pronunciado na faixa de pontuação de baixa a média. No topo da escala de QI – os dois ou três percentis superiores – a curva se nivela. Hoje em dia as pessoas de inteligência moderada são muito mais inteligentes – pelo menos no que diz respeito ao *g* – do que as pessoas de inteligência moderada de cem anos atrás. Mas um membro do Mensa hoje, com um QI de 150, não seria capaz de fazer um gênio de 1900 comer poeira. É precisamente esse o resultado que se espera quando as culturas de sofisticação baixa e mediana constituem uma força motriz por trás do Efeito Flynn: enquanto uma pessoa de inteligência moderada melhora seus talentos para reconhecer padrões ao jogar Zelda ou estudar as tramas de *24 horas*, um gênio provavelmente precisaria de algo mais desafiador para aprimorar suas habilidades. Não há dúvida de que passar uma semana estudando tabuada vai melhorar as habilidades matemáticas de um aluno do quarto ano, mas provavelmente não vai melhorar as de um estudante da faculdade de física. O mesmo vale para a mídia popular e o *g*. A Curva do Dorminhoco mostra que a cultura popular está ficando mais complexa, mas não a ponto de ser um desafio para as mentes mais brilhantes, e é por isso que os gênios não estão ficando mais inteligentes. O que mudou foi o exercício cognitivo que a cultura de massa oferece para o restante de nós.

A ciência está apenas começando a entender o que esses exercícios de fato representam. Enquanto houve muitos estudos para analisar o impacto que a violência na televisão tem no comportamento – sem qualquer consenso claro em qualquer sentido –, o impacto mental *positivo* da mídia contemporânea ainda não foi amplamente examinado. Mas um punhado de estudos recentes observou os efeitos do videogame sobre a memória e a inteligência visuais. Um estudo da University of Rochester pediu que as pessoas respondessem a uma série de testes breves de reconhecimento visual, como dizer a cor de uma letra ou contar a quantidade de objetos em uma tela. O teste não era tão detalhado quanto as matrizes de Raven, mas era mais sensível ao tempo. Jogadores habituais tiveram resultados consistentemente melhores do que não jogadores em todas as habilidades medidas pelo estudo. Os pesquisadores também derrubaram a premissa de que a tendência a se interessar por videogames é maior em pessoas com boa inteligência visual. Eles fizeram um grupo de não jogadores passar uma semana imerso em Tetris e em Medal of Honor, um jogo ambientado na Segunda Guerra Mundial, e descobriram que as habilidades desse grupo no teste visual também melhoraram. Os games estavam literalmente fazendo-as perceber o mundo com mais clareza.

Outro estudo recente examinou três grupos distintos de funcionários de escritório: jogadores inveterados, jogadores ocasionais e não jogadores. Os resultados contradizem quase todas as ideias convencionais sobre o impacto dos videogames: a população de jogadores mostrou-se consistentemente mais social, mais confiante e mais confortável para resolver problemas de forma criativa. E não exibiu qualquer sinal de atenção reduzida quando comparada ao grupo de não jogadores.

Esses estudos iniciais são tentadores, mas são apenas o começo. Como passamos tanto tempo acreditando na hipótese do emburrecimento e inclinados a avaliar essas novas formas culturais como versões pioradas de formas mais antigas, temos muito pouca informação, além da tendência macro do Efeito Flynn, sobre o impacto cognitivo positivo. Minha esperança é de que estamos começando a perceber algumas dessas virtudes e logo passaremos a pesquisar o impacto dos games sobre a sondagem e telescopia em ambientes complexos, ou sobre a relação entre acompanhar dramas televisivos e a capacidade de mapear redes sociais. Até lá, a evidência mais forte sobre a Curva do Dorminhoco é financeira: games e narrativas que eram intricados demais para um público de massa há trinta anos agora atraem com regularidade milhões de entusiastas. Claramente mudou *algo* na mente de todas essas pessoas, algo que as protege de uma sensação incômoda de desorientação diante dessas experiências. É tempo de tentarmos entender exatamente o que é esse algo.

O próprio posicionamento de Flynn a respeito da tendência que ele descobriu é iconoclasta. Por um lado, ele continua convencido da ideia original que há três décadas o fez seguir essa linha de investigação: o QI é muito mais vulnerável às condições ambientais do que se acreditava. (Em 2001 ele escreveu em coautoria um artigo fascinante sobre a interação entre cultura e genética que explicava por que estudos anteriores mostrando altas taxas de hereditariedade do QI negligenciavam fatores ambientais.) E, se os fatores ambientais são responsáveis pelo aumento do QI ao longo dos últimos cinquenta anos, a questão lógica seguinte é: o que mudou no ambiente nesse período? No mundo industrializado, onde o Efeito Flynn tem sido mais pronunciado, a resposta é simples: mídia e tecnologia. Nossas dietas não melhoraram; nossas escolas têm turmas mais lotadas e orçamentos menores; os ambientes em que moramos são cada vez mais reclusos. Mas a mídia e a tecnologia com que nossa mente lida todos os dias têm crescido a uma taxa exponencial nesse período, tanto na complexidade do objeto individual quanto na diversidade do ecossistema geral. A mente enfrenta desafios maiores seguindo a trama de *24 horas* do que a de *Dragnet*, e também dominando as dezenas de novas formas de mídia – games, hipertexto, mensagens instantâneas, TiVo – que constituem a cultura geral da atualidade.

Mas Flynn tem uma surpresa. Ele acha que o Efeito Flynn está enfraquecendo não apenas a genética do QI, mas também a correlação entre QI e inteligência no mundo real. "Assim como uma elite com uma vantagem enorme de QI deveria superar radicalmente o restante de sua geração", escreve ele, "também uma geração com um ganho enorme de QI deveria superar radicalmente seus predecessores. ... O resultado deveria ser uma renascença cultural grande demais para ser ignorada." E no entanto não se vê qualquer evidência de "aumento dramático de genialidade ou de descobertas científicas ou matemáticas na presente geração". Se os QIs estão melhorando mas a cultura não, então o QI não deve ser uma medida de inteligência tão útil quanto seus defensores acreditam.

Este livro é sobre cultura popular, não sobre a história da ciência, então vou deixar que outros discutam com mais detalhes as afirmações de Flynn sobre a situação das descobertas matemáticas e científicas. (Direi apenas que a era da encefalografia, do mapeamento de genoma e do microchip se sai muito bem em relação a eras passadas – particularmente quando se observa a quantidade de indivíduos contribuindo com trabalhos pioneiros em comparação aos gênios isolados do passado.) Mas, ao se concentrar na ideia de renascença cultural, Flynn está olhando para a borda externa da curva gaussiana, para os sábios e visionários. Como já vimos, o Efeito Flynn é mais pronunciado nas regiões medianas: o aumento de QI nas últimas décadas foi mais crítico nas pessoas comuns. E pessoas comuns, a bem da verdade, não dão início a revoluções científicas ou renascenças culturais. O aguçamento de sua mente não pode ser medido nos extremos da conquista intelectual. Em vez disso, deveríamos detectar essa melhoria em outro lugar, no âmbito cotidiano do uso de formas mais complexas de tecnologia, do domínio de estruturas narrativas cada vez mais diversificadas – até mesmo dos games cada vez mais complicados. Deveríamos detectar essa melhoria no âmbito da Curva do Dorminhoco. Flynn tinha razão ao afirmar que veríamos uma renascença cultural caso o crescimento geral de QI medisse, de fato, um aumento de inteligência. Só que a cultura acabou sendo de massa, não de elite.

Se o aumento de QI e os índices de audiência da TV sugerem que a Curva do Dorminhoco está tendo um impacto benéfico sobre nossas capacidades mentais, resta ainda uma questão crucial. Por que essa tendência ascendente de complexidade está acontecendo? É de reconhecimento quase universal que a cultura pop atende a nossos instintos básicos: a sociedade de massa emburrece e simplifica; ela corre para o fundo do poço. As raras ocorrências de "programação de qualidade" só servem para nos lembrar do declínio geral. Mas, independentemente de quantas vezes se proclame esse refrão, nem por isso ele fica mais correto. Como vimos, parece estar acontecendo exatamente o oposto: a tendência secular avança no sentido de maiores demandas cognitivas, mais profundidade, mais participação. E, se aceitarmos essa premissa, teremos de responder a outra pergunta: *por quê?* Durante décadas a corrida para o fundo do poço serviu como uma espécie de Terceira Lei da Termodinâmica para a sociedade de massa: se todo o resto permanecer igual, a cultura pop declinará para formas cada vez mais simples. Mas, se a entropia acabar não governando o mundo da sociedade de massa – se, afinal de contas, nosso entretenimento estiver ficando mais inteligente –, precisaremos de um novo modelo para explicar a tendência.

Esse modelo é complexo, de muitas camadas. As forças que impelem a Curva do Dorminhoco abrangem três campos de experiência: o econômico, o tecnológico e o neurológico. Parte da Curva do Dorminhoco reflete mudanças nas forças de mercado que dão forma ao entretenimento popular; parte emana de tendências tecnológicas de longo prazo; e parte se origina em apetites profundos do cérebro humano.

A Curva do Dorminhoco é parcialmente alimentada pela força da repetição. Ao longo das últimas duas décadas, uma mudança fundamental transformou a economia do entretenimento popular: agora, as primeiras apresentações são menos lucrativas do que as reprises. Nos velhos tempos da televisão e de Hollywood, a receita vinha da primeira transmissão em rede aberta ou da bilheteria da primeira temporada nos cinemas. Os mercados que vinham depois eram, na melhor das hipóteses, marginais. Mas a adoção em massa do videocassete e o anseio das televisões a cabo por programas licenciados viraram a equação de cabeça para baixo. Em 2003, pela primeira vez Hollywood ganhou mais dinheiro com as vendas de DVDs do que com as receitas de bilheteria. No mesmo período, programas de televisão convertidos para o formato DVD geraram mais de

1 bilhão de dólares em vendas. E os benefícios financeiros do licenciamento de programas são astronômicos: programas como *Os Simpsons* ou *The West Wing* renderam bem para seus criadores em suas primeiras exibições pela televisão aberta, mas a mina de ouro estava no pós-vida deles, com as reprises. O licenciamento mudou a economia subjacente à concepção e à produção dos programas, porque os ganhos com a redistribuição são imensos, muito maiores do que os gerados pela exibição original. Todos os canais locais do planeta que veiculem um episódio antigo de *Seinfeld* estão pagando uma taxa para Jerry Seinfeld, Larry David e os outros criadores do programa. Quando somadas, essas taxas de licenciamento são espantosas: juntos, Seinfeld e David ganharam centenas de milhões de dólares com seus direitos de licenciamento, e apenas uma pequena fração disso quando o programa foi apresentado pela primeira vez na NBC. A rede aberta de televisão transformou comediantes como Milton Berle e Bob Hope em milionários. O licenciamento fez dos comediantes de hoje magnatas.

Como a economia da repetição se liga à Curva do Dorminhoco? A virtude do licenciamento ou dos DVDs não está na recompensa financeira em si, mas nos critérios de seleção que a recompensa cria no ecossistema do entretenimento como um todo. Se o objetivo final deixa de ser capturar a atenção do público por uma vez e passa a ser *manter* sua atenção ao longo de várias reprises, essa mudança certamente terá um efeito sobre o conteúdo. O licenciamento de programas televisivos significa basicamente uma coisa: o espectador fiel típico é perfeitamente capaz de ver determinado episódio cinco ou dez vezes, e não apenas uma ou duas, como seria de se esperar ao longo da segunda metade do século XX nos Estados Unidos. Os programas que prosperam com o licenciamento devem o sucesso ao fato de conseguirem ser vistos cinco vezes sem se tornarem tediosos. E ser visto cinco vezes significa ter mais complexidade, não menos. As reprises geralmente estão associadas ao emburrecimento da cultura popular, quando, na verdade, são responsáveis por deixá-la mais inteligente. (O licenciamento também tem encorajado outra tendência de programação com impacto neutro no que se refere à Curva do Dorminhoco: como os espectadores muitas vezes assistem aos episódios fora de sequência – diferentemente dos padrões de exibição em uma antologia de DVD –, os programas licenciados que podem ser assistidos isoladamente também prosperaram, sobretudo na forma de mistérios da nova geração, como *Lei & Ordem* e *CSI: investigação criminal*. Em geral, os enredos desses programas são mais complexos do que os de *Dragnet* ou *Kojak*, mas sua insistência em encerrar cada episódio com um fecho narrativo necessariamente estabelece um teto para essa complexidade.)

Nos próximos anos, a cratera gerada pelo impacto da repetição só vai crescer. Mesmo hoje, qualquer episódio de um programa de televisão bem-sucedido já é visto por mais gente nas reprises licenciadas do que na primeira exibição. À medida que se expande o universo de opções – inevitavelmente até o ponto em que será possível assistir a qualquer coisa do catálogo de toda a história da televisão quando se desejar –, os programas de sucesso serão aqueles capazes de resistir a essas reexibições, enquanto as séries mais unidimensionais se tornarão desinteressantes. O sucesso do licenciamento de *Seinfeld* e *Os Simpsons* – é provável que os provedores locais de TV a cabo mandem para a casa de seus assinantes meia dúzia de episódios desses dois programas todo dia – demonstra que esse princípio já está em ação. Em um sentido real, isso coloca de cabeça para baixo o senso comum sobre programação de televisão. Buscar o mínimo denominador comum pode fazer sentido se o programa vai ser visto apenas uma vez, mas, diante da garantia de muitas exibições, será possível se arriscar em âmbitos mais desafiadores e experimentais e ainda assim ser recompensado.

Para compreender a magnitude da transformação, basta voltarmos a fita para o final dos anos 1970 e vermos o princípio que dominava a programação do horário nobre na idade das trevas de *Joanie Loves Chachi* – uma filosofia caracterizava a teoria de Paul Klein, executivo da NBC, sobre "Programação Minimamente Objetável":

> Existimos com um público conhecido de televisão, e tudo o que um programa precisa ser é minimamente objetável diante de um segmento do pú-

> blico. Quando você apresenta um programa, bem, você começa imediatamente com uma fatia adequada. Você obtém sua fatia de 32 ... isso é cerca de [um terço] da audiência da rede, e as outras redes obtêm suas faixas de 32. Todos começamos empatados. Então podemos crescer com as falhas dos nossos concorrentes – eles se tornam objetáveis, e assim as pessoas passam para nós se formos menos objetáveis. Ou nós podemos perder audiência se inserirmos pequenos "truques" que provoquem a perda de audiência. ... Pensamento, isso é mudar de canal, educação, mudar de canal. Melodrama é bom, sabe, uma lágrima aqui e ali, uma historinha moralista, isso é bom. Positivo. Isso é menos objetável. Meu trabalho é manter meus 32, não provocar *a priori* nenhuma mudança de canal em termos de propagandas ou conceitos, garantir que não aconteçam mudanças de canal para a concorrência.

A PMO é um modelo puro-sangue da corrida para o fundo do poço: são criados programas concebidos em uma escala de minutos e segundos, temendo que o menor desafio – "pensamento", digamos, ou "educação" – mande os espectadores correndo para as outras redes. Contraste a PMO ao modelo seguido por *Família Soprano* – que podemos chamar de modelo de Programação Mais Repetível. A PMR é concebida na escala de anos, não de segundos. Os programas de maior sucesso no modelo PMR são os que o espectador ainda quer ver três anos depois da primeira exibição, mesmo que ele já os tenha visto três vezes. O modelo PMR cultiva a nuance e a profundidade; ele aprecia "truques", como episódios com narrativa invertida e alusões obscuras a filmes de Hollywood. Poucos anos depois do discurso de Klein, Neil Postman anunciou que duas das regras de ouro da televisão eram: "Não tereis pré-requisitos" (ou seja, não deveria ser exigido dos espectadores nenhum conhecimento prévio para que um programa fosse compreendido) e "Não provocareis perplexidade". Postman estava certo na época, se desconsiderarmos as técnicas narrativas de *Chumbo grosso* e *St. Elsewhere*. Mas, vinte anos depois, a maioria dos programas mais populares da história da televisão despreza esses princípios com regularidade.

Os efeitos progressivos da repetição são particularmente agudos no que diz respeito a vendas – e não a aluguel. Quando a intenção é persuadir um público a *comprar* um título, e não simplesmente emprestar sua atenção por trinta minutos, os produtos de mais sucesso normalmente são aqueles que você pode se imaginar vendo pela quinta vez, quatro anos depois. Não é por acaso que as versões em DVD de programas como *Família Soprano* e *The West Wing* venderam mais exemplares do que muitos filmes de sucesso. Ao comprar um produto de entretenimento para uma coleção permanente, não se busca uma gratificação instantânea, mas sim algo que recompense um escrutínio maior. O fato de que as vendas de DVDs tenham agora um lugar tão proeminente nos balanços de Hollywood desloca o equilíbrio, afastando-se de filmes garantidos como "estreias" grandiosas e indo para filmes que os cinéfilos provavelmente vão adicionar a sua coleção permanente. (Pensemos nos filmes de Wes Anderson, Sofia Coppola, David Lynch ou Quentin Tarantino.) Eles podem perder dinheiro na bilheteria do cinema, mas vão render um belo lucro nas vendas de DVD e, graças a seus orçamentos menores, diferentemente dos pretendentes a arrasa-quarteirões, não correm o risco de fracasso estrondoso. Para a economia tanto da televisão quanto do cinema, a mudança fundamental aqui é da programação "ao vivo" para as "bibliotecas". Os estúdios agora garimpam seus arquivos de conteúdo antigo à procura de novas vendas, seja de DVDs nostálgicos ou de licenciamento; e eles criam novos programas que sejam complexos o bastante para merecer um lugar na estante dos consumidores. Passar de programação ao vivo para as bibliotecas é, em última análise, uma mudança do Minimamente Objetável para o Mais Repetível.

O sucesso de narrativas extremamente complexas como *Amnésia* e *Brilho eterno de uma mente sem lembranças* demonstra como o modelo PMR infiltrou-se em Hollywood. Charlie Kaufman, roteirista de *Brilho eterno* – e que também escreveu as tramas atordoantes de *Quero ser John Malkovich* e *Adaptação* –, descreveu sua filosofia autoral em uma entrevista em *Charlie Rose*, usando uma linguagem que contrasta perfeitamente com a PMO de Paul Klein:

> Acho que minha ideia sobre cinema é que os filmes são uma mídia morta. No teatro podem acontecer acidentes, as atuações podem variar. Mas um filme é um registro. Então o que tento fazer é impregnar meus roteiros com informação o bastante para que, depois de assistir várias vezes ao filme, você ainda possa ter uma experiência diferente. Em vez de levar o filme de forma linear até uma coisa e ao final dizer sobre o que é o filme, eu tento criar uma conversa com o público. Acho que é isso o que tento fazer – conversar com cada membro do público.

Kaufman acertou exatamente: não apenas quanto às recompensas pelas várias vezes que se assiste, mas também quanto a essa ideia de criar uma "conversa" com o público. Conversas são uma via de mão dupla; são participativas por natureza. Mas como é possível criar uma conversa usando uma "mídia morta"? Faz-se isso instigando a mente dos espectadores, fazendo-os preencher lacunas e se sentar na beirada da cadeira. Criam-se enredos tão complicados e autorreferenciais que o espectador tem de se esforçar para compreendê-los na primeira exibição – e no final tudo o que ele quer é voltar a fita e assistir de novo, só para descobrir o que deixou passar.

É possível ver o modelo de Programação Mais Repetível na transformação narrativa de um gênero elaborado explicitamente para ser visto dezenas de vezes: filmes infantis. Como as crianças pequenas têm uma tolerância maior para encontros repetidos com a mesma história, e como os pais de crianças pequenas têm uma tolerância ainda maior com qualquer coisa que as distraia tempo suficiente para que se possa lavar a louça, o mercado de versões de filmes infantis em DVD e em VHS é imenso. A Pixar faturou bilhões de dólares com a venda de DVDs de sucessos como *Toy Story* e *Monstros S.A.* É um mercado que pode render vastas fortunas com conteúdo capaz de sustentar dez ou vinte repetições (se não mais), e assim é de se esperar uma forte Curva do Dorminhoco orientando a complexidade e a profundidade das histórias à medida que os incentivos financeiros dão resultado.

E, de fato, é exatamente isso o que acontece, como vimos ao analisarmos os filmes infantis das últimas décadas. *Procurando Nemo* não é o DVD mais vendido de todos os tempos *apesar* de sua complexidade; é o DVD mais vendido *por causa* dessa complexidade. Sempre que a cultura popular passa a concentrar seus incentivos econômicos em repetições de longo prazo em vez de sucessos imediatos, há um aumento correspondente em qualidade e profundidade.

A transformação dos videogames – de jogos de fliperama elaborados com vistas a uma dose de ação em um ambiente estrondoso para produtos contemplativos que recompensam a paciência e o estudo intenso – fornece o estudo de caso mais dramático do poder da repetição. Os títulos no topo das listas de mais vendidos de todos os tempos são quase todos games que literalmente podem ser jogados para sempre sem perderem a graça: games como Age of Empires, The Sims ou Grand Theft Auto, que não têm uma trilha narrativa fixa e portanto recompensam a repetição com uma complexidade sempre em mutação; simulações esportivas que permitem a reconstituição de temporadas inteiras com novas escalações nas equipes ou a criação de torneios imaginários com jogadores de épocas diferentes. Títulos com finais definitivos têm menos valor na economia dos games; quanto mais aberto e repetível for o jogo, mais provável que ele seja um sucesso extraordinário.

Na história da filosofia moral há um estranho precedente para o modelo de Programação Mais Repetível: a ideia de "eterno retorno" de Nietzsche, seu modelo alternativo para a moral cristã. Em vez de levar as pessoas a fazer o que é certo ameaçando-as com a danação eterna, Nietzsche propôs um mito estruturante alternativo segundo o qual nossas vidas vão se repetir infinitamente. Se cometermos um erro na vida, vamos continuar cometendo-o para sempre, o que supostamente acabaria sendo um incentivo a evitá-lo de cara. Desde que Nietzsche propôs a ideia, filósofos e eticistas vêm debatendo seus méritos como guia moral sem chegar a um veredito claro. Mas, como princípio geral para criar uma cultura pop de qualidade, o eterno retorno faz muito sentido. Se cada título for concebido de modo a poder ser assistido muitas vezes, o resultado será uma cultura mais interessante e desafiante. E talvez seja possível ficar rico no processo.

As inovações tecnológicas, é claro, têm contribuído em peso para a Curva do Dorminhoco. Para começar, a maioria das tecnologias de mídia introduzidas ao longo das últimas três décadas foram, na prática, máquinas de repetição: ferramentas desenvolvidas para permitir que se rebobine, se reinicie, se repita. Parece surpreendente pensar nisso agora, mas há pouco mais de trinta anos o espectador que assistia a *Tudo em família* ou *M*A*S*H* na televisão não tinha quase nenhum recurso se desejasse rever uma cena ou voltar a um diálogo que tivesse perdido. Se ele quisesse assistir de novo a um episódio de *Mary Tyler Moore Show*, teria de esperar seis meses até ele ser reexibido pela emissora na temporada de reprises – e depois mais cinco anos até que ele começasse a circular mediante licenciamento. A mudança ocorrida desde então tem sido tão profunda que é difícil lembrar que a televisão foi uma mídia exclusivamente voltada para o presente durante metade de sua existência: o que aparecia na tela passava pelo espectador, tão irrecuperável quanto os acontecimentos da vida real. Não é de espantar que as redes tivessem tanto medo de desafiar ou confundir; se o programa não fizesse sentido da primeira vez, já era. Não havia segundo ato.

Desde aqueles tempos, proliferaram opções para reduzir a velocidade ou reverter o tempo: primeiro apareceu o videocassete, introduzido no mesmo ano em que apareceu *Chumbo grosso*; depois, a explosão dos canais a cabo, sempre apresentando dezenas de programas licenciados; quinze anos depois, os DVDs; depois, TiVo; e agora, televisão a cabo "por demanda", que permite aos espectadores selecionar programas diretamente de um menu de opções – e também pausar e retroceder. Os espectadores agora administram suas coleções particulares de programas clássicos, preenchendo as estantes da sala com caixas de DVD como se fossem edições encadernadas de romances. As informações suplementares que muitas vezes são incluídas nesses DVDs aumentam seu potencial de repetição: se o espectador está cansado do episódio original, pode assistir à versão com todas as cenas deletadas ou ouvir os comentários do diretor.

Essas novas tecnologias de reprodução que vêm se disseminando muitas vezes são chamadas de tecnologias de conveniência: o espectador assiste ao que quiser, quando quiser, como dizia o antigo slogan da TiVo. Se o horário de *Família Soprano* no canal da televisão não combina com sua agenda, não tem problema: basta comprar pelo controle remoto, gravar com um videocassete ou o TiVo ou assistir mais tarde em outro canal. Não há dúvida de que a conveniência é um argumento de vendas importante, mas a tecnologia tem outro efeito colateral louvável: facilita leituras atentas. Os fãs de *Família Soprano* que quiserem dissecar cada cena à procura de referências sutis e significados ocultos têm a sua disposição uma meia dúzia de opções. Talvez houvesse fãs igualmente devotados de *Gunsmoke* ou de *Laverne & Shirley* quando esses programas foram apresentados originalmente, mas a tecnologia daquele tempo refreava sua paixão ao limitar o número de vezes que os episódios podiam ser vistos – o que, por sua vez, leva os criadores dos seriados a limitar a complexidade da própria programação. Em vez de adicionar camadas e reviravoltas, eles privilegiaram o menos objetável.

As revoluções tecnológicas dos anos 1990 ajudaram a Curva do Dorminhoco de outra maneira. À medida que as tecnologias de repetição permitiam novos níveis de complexidade, a ascensão da internet abriu a essa complexidade um novo caminho por onde ela poderia ser dissecada, criticada, reaproveitada e explicada. Anos atrás descrevi essas comunidades florescentes da web como "para-sites",* mídias on-line que se agarram a mídias tradicionais e dependem desses organismos maiores para sobreviver. As discussões públicas sobre entretenimento popular costumavam se limitar à mesa de jantar e ao corredor do escritório, mas, como vimos no site amador sobre *O aprendiz*, a metaconversa ficou mais profunda e pública. Até mesmo um programa de popularidade modesta – como *A sete palmos*, aclamado pela crítica – já deu origem a centenas de fóruns de discussão e sites de fãs, nos quais cada episódio é destrinçado e comentado com intensidade normalmente reservada aos estudos talmúdicos. Os sites amadores constituem uma exibição pública de paixão pelo programa, algo que executivos ansiosos de Hollywood algumas vezes usam para justifi-

* O autor faz um trocadilho com a palavra "parasitas", *parasites* em inglês. (N.E.)

car a renovação de um programa que poderia ser cancelado devido a sua audiência medíocre. Programas como *Caindo na real* ou *Alias* sobreviveram várias temporadas graças, em parte, ao entusiasmo dessas audiências pequenas – para não falar da disposição dos fãs de acorrer em massa para comprar as versões em DVD que fossem sendo lançadas.

Esses sites funcionam como uma espécie de tabela de decodificação para a crescente complexidade da Curva do Dorminhoco. Fãs devotados colaboram em enormes documentos abertos – resumos de episódios, perguntas frequentes, guias de curiosidades sobre a série – que existem na rede como obras de erudição popular em constante desenvolvimento, sempre sendo remendadas pelos fiéis seguidores. Sem esses novos canais, as sutilezas da nova cultura estariam limitadas apenas aos fãs mais ardorosos. Mas a natureza pública e colaborativa desses sites significa que dezenas ou centenas de fãs podem se unir para identificar todas as nuances de um programa e deixar um registro para que fãs menos dedicados possam explorá-lo quando for conveniente. E assim o limiar da complexidade se eleva mais uma vez. Os criadores de *Os Simpsons* podem enfiar uma dúzia de referências cinematográficas sutis em cada episódio, e com certeza em poucos dias elas estarão devidamente documentadas na internet. Nenhuma breve alusão ou pirueta narrativa jamais passará despercebida, porque milhares de arquivistas estão em suas casas prestando atenção.

O melhor exemplo das novas possibilidades de metacomentários são os detonados dos games: aquelas descrições fantasticamente detalhadas que "detonam" para o leitor os segredos do ambiente de um videogame, em geral indicando as estratégias mais eficazes para completar os objetivos principais do jogo. Existem centenas de documentos assim na internet, quase todos criados por jogadores comuns que reúnem dicas e técnicas com amigos e em fóruns de discussão. Eles condensam as ambiguidades e a estrutura de regras flexíveis desses games em uma forma narrativa mais linear – convencionalmente dirigindo-se ao próprio leitor, como neste detonado do jogo Half-Life:

> A primeira tarefa a sua frente depois que você entra no complexo de escritórios é, simplesmente, seguir o corredor. No meio dele há um fio desencapado lançando descargas elétricas aleatoriamente numa poça no chão. E a porta que está a seu alcance está trancada. Por sorte, há um duto de ventilação logo antes do fio desencapado. Arraste-se até o duto e arrebente a grade com o Pé de Cabra. Tenha cuidado, porque a descarga elétrica ainda pode atingi-lo se você for muito para a direita da grade. Arraste-se para dentro do duto e percorra-o até o final. Arrebente a grade e entre na sala. Tome cuidado com a Craca e saiba que haverá outras no teto quando você estiver na sala.
>
> No canto, você verá uma porta com uma placa dizendo "alta voltagem". Abra-a, entre e desligue o interruptor. Agora o corredor está seguro.
>
> No final do corredor, você terá que arrombar a janela e passar por ela. A sala cheia de água à direita tem seus próprios problemas de eletricidade, mas você vai cuidar disso daqui a pouco. Por enquanto, é hora de obter alguns suprimentos. Vá para a esquerda e entre no pequeno recesso com a porta de madeira...

O texto de um detonado por si mesmo, lido sem que se saiba nada sobre o game que ele documenta, parece um romance experimental costurado com trechos roubados das revistas sobre armas e reforma de imóveis. ("Por sorte, há um duto de ventilação logo antes do fio desencapado. Arraste-se até o duto e arrebente a grade com o Pé de Cabra.") A maior parte das histórias apresentadas nos detonados é incompreensível, a menos que o leitor esteja no meio do próprio game, e aí todos os detalhes e observações dispersos têm a força de uma revelação: "Então é assim que se passa por esse corredor!" Se você não tem certeza quanto à complexidade lógico-espacial dos videogames atuais e não tem tempo para sentar e experimentar algum, recomendo que baixe um desses detonados da internet e dê uma olhada só para avaliar a escala e o detalhismo desses mundos virtuais.

Na década de 1930, o matemático russo Andrei Kolmogorov chegou a uma definição de complexidade para qualquer série de informações: é a menor quantidade de partículas de informação na qual a série pode ser comprimida sem perda. A série de texto "Smith Smith Smith" é menos complexa do que a série "Smith Jones Bartlett" porque é possível comprimir a primeira na descrição "Smith × 3". Uma sequência de números como "2, 4, 8, 16, 32, 64 etc." é menos complexa do que uma sequência aleatória porque não é possível expressar a aleatória com uma fórmula simples. Podemos pensar nas séries de texto dos detonados como versões comprimidas do estado original aberto do game: os detonados documentam a rota mais curta do ponto de partida ao fim, com o mínimo de rodeios e tentativas erradas. Eles dizem exatamente o que o jogador precisa saber. Considerando o tamanho desses detonados, a complexidade Kolmogorov do videogame típico tem crescido a um ritmo prodigioso. As versões comprimidas de PacMan vinham sob a forma daqueles famosos "padrões": vire à esquerda, vire à direita, vire à direita outra vez. Seria possível descrever todo o universo de PacMan em algumas poucas páginas de texto. A título de comparação, um detonado de Grand Theft Auto III – feito por Aaron Baker, um australiano devoto do jogo – contém 53 mil palavras, mais ou menos o mesmo que este livro. Impresso em espaço simples com fonte em corpo doze, o documento tem 164 páginas.

A economia da corrida da repetição rumo ao topo é relativamente fácil de entender: o licenciamento e as vendas de DVD oferecem grande retorno financeiro a criadores que geram títulos complexos o bastante para continuar interessantes após exibições repetidas. Mas que recompensa econômica há em encorajar metacomentários? A resposta a esse enigma está na ênfase cada vez maior que a indústria cultural coloca nos "líderes de pensamento" ou "influenciadores-chave". A maneira antiga de comercializar um novo produto cultural era vendê-lo como se fosse detergente: mostrar a marca e a mensagem para o máximo possível de pessoas e torcer para que algumas sejam persuadidas a comprar o produto. Se isso significar outdoors e anúncios de página inteira em jornais, ótimo. Se significar colocar o programa no espaço das 8h30 depois de *Cosby*, melhor ainda. Essa é a filosofia do marketing de massa, e de fato pode funcionar para bens de consumo nos quais os consumidores não fazem um grande investimento emocional. Mas, no que se refere à cultura – filmes, livros, programas de televisão –, as pessoas não constroem relações com produtos baseadas simplesmente nos ditames da propaganda de massa. Muitas vezes o boca a boca é mais poderoso, e, no que diz respeito ao boca a boca, alguns consumidores falam mais alto do que outros. Trata-se dos primeiros a conferir; os que se orgulham de seu domínio da cultura pop, de seu faro para programas novos e talentos em ascensão.

Os sites de metacomentários têm fornecido a esses especialistas amadores meios para que sua perícia possa florescer em público. Antes da internet, um admirador fanático que quisesse compor um inventário de 53 mil palavras de seu videogame favorito não teria nenhum caminho fácil para levar sua obra às mãos de pessoas que poderiam se interessar em lê-la – a menos que distribuísse cópias xerocadas na calçada. Agora esses especialistas podem transmitir sua sabedoria para dezenas de milhares de pessoas ansiosas que estão tentando desesperadamente chegar à segunda cidade de Grand Theft Auto ou descobrir por que Tony Soprano mandou matar aquele cara na noite passada. Não há realmente qualquer recompensa financeira para esses especialistas e influenciadores-chave; Aaron Baker não escreveu um detonado de 164 páginas porque achava que ia ficar rico. Ele o fez pelo reconhecimento público de ter criado o guia definitivo para um dos mais populares games de todos os tempos. (Em outras palavras, há recompensas sociais, não financeiras.) Mas existe, sim, significativa recompensa financeira para os criadores de entretenimento que atraem para seus produtos pessoas como Aaron Baker, porque são precisamente esses especialistas que acabam persuadindo outras pessoas a assistir ao programa, jogar o videogame ou ver o filme. A maneira de atrair os Aaron Bakers do mundo é fazer produtos tão complexos que *necessitem* de especialistas para decifrá-los. Os influenciadores-chave gostam de pensar que são a linha de frente, detectando padrões ou tendências nas formas culturais que os consumidores comuns não perceberiam até que alguém lhes mostrasse. A maneira de atrair esses especialistas, então, é lhes dar material que desafie suas habilidades de decodificação. Em vez de recompensar os programas menos ofensivos, o sistema recompensa os títulos que forçam os limites da convenção, os títulos que pedem leituras atentas. Não é possível ganhar os aficionados com o mínimo denominador comum.

A TECNOLOGIA AMPLIFICA a Curva do Dorminhoco de uma última maneira: introduz novas plataformas e gêneros a um ritmo acelerado. Tivemos trinta anos para nos adaptar às novas possibilidades narrativas do cinema; outros vinte para o rádio; e depois vinte anos de televisão no tempo presente. Então a curva inclina-se para cima: cinco anos para se aclimatar ao videocassete e aos videogames; e então e-mail, bate-papos on-line, DVDs, TiVo, a internet – tudo isso passando a fazer parte da dieta da cultura pop ao longo de uma década. McLuhan tinha uma expressão maravilhosa para essa sequência em aceleração: "velocidade elétrica".

> Hoje é a velocidade instantânea da informação elétrica que, pela primeira vez, permite um reconhecimento fácil dos padrões e dos contornos formais da mudança e do desenvolvimento. O mundo inteiro, do passado e do presente, agora se revela para nós como uma planta crescendo em um filme extremamente acelerado. A velocidade elétrica é sinônimo de luz e de entendimento das causas.

McLuhan acreditava que esse ritmo de mudança lançava luz sobre as maneiras até então invisíveis como a mídia formava a visão de mundo de determinada sociedade; isso nos deixa ver o impacto do meio, não apenas da mensagem. Quando uma cultura gira exclusivamente em torno de livros durante centenas de anos, não dá para detectar as maneiras sutis como o universo tipográfico altera as pressuposições. Mas, se do cinema passa-se para o rádio e depois para a televisão ao longo de algumas décadas, os efeitos das diferentes mídias se tornam aparentes, porque é possível compará-las. Tal iluminação é algo profundo, mas é apenas parte do legado da velocidade elétrica. A adaptação a uma sequência cada vez mais rápida de novas tecnologias também treina a mente para explorar e dominar sistemas complexos. Quando nos maravilhamos ante a esperteza tecnológica de crianças de dez anos, deveríamos estar celebrando não seu domínio de plataformas específicas – como Windows XP ou o GameBoy –, mas sua capacidade aparentemente natural de assimilar novas plataformas em um piscar de olhos, sem sequer abrir o manual. Elas não aprenderam apenas as regras específicas intrínsecas a determinado sistema; aprenderam os princípios abstratos que podem ser aplicados em *qualquer* sistema complicado. Elas não sabem programar um videocassete porque decoraram as instruções de todos os modelos no mercado; elas sabem programar um videocassete porque aprenderam as regras gerais de como sondar e explorar um objeto tecnológico, regras que são úteis para qualquer modelo de videocassete.

Cientistas da área de cognição têm argumentado que o aprendizado mais eficaz acontece na periferia da competência do estudante: fundamentando-se sobre o conhecimento prévio do estudante, mas desafiando-o com novos problemas. Se o ambiente de aprendizagem for muito fácil, ou muito difícil, os estudantes ficam entediados ou frustrados e perdem interesse. Mas, se o ambiente se mantém em compasso com as capacidades crescentes dos estudantes, eles permanecem concentrados e dedicados. O acadêmico James Paul Gee, que estuda videogames, observou precisamente esse fenômeno – chamado de princípio do "regime de competência" – na arquitetura de videogames bem-sucedidos. "Cada nível explora a periferia das capacidades do jogador", ele diz, "sempre buscando ser difícil mas ainda alcançável ... o que gera simultaneamente prazer e frustração – uma sensação tão familiar aos jogadores quanto a de polegares doloridos." Os desenvolvedores de games não constroem máquinas de aprendizagem porque são bonzinhos, é claro; fazem isso porque há recompensa econômica em criar jogos que ficam próximos a essa fronteira. Se o jogo for difícil demais, ninguém vai comprá-lo. Se for fácil demais, ninguém vai comprá-lo. Se ele oferecer desafios que evoluem junto com as habilidades, há chance de sucesso. E será também um poderoso instrumento educacional.

Creio que o princípio do regime de competência também opera em outra escala: não nas quarenta horas necessárias para completar um jogo típico de videogame, mas na escala centenária da velocidade elétrica.

Quando o cinema passou a ser um entretenimento popular no começo do século XX, as mentes não estavam aparelhadas para dominar dez novas tecnologias e dezenas de novos gêneros na década seguinte; elas tinham de se adaptar às novas convenções de ir ao cinema, aprender uma nova linguagem visual e um novo tipo de máquina narrativa. Mas, à medida que novas tecnologias começaram a aparecer em ciclos cada vez menores, fomos ficando mais à vontade com o processo de sondagem de uma nova forma de mídia, aprendendo suas idiossincrasias e distorções, sua arquitetura simbólica e suas regras de abordagem. A mente adapta-se à adaptação. Com o tempo, haveria uma geração que aprecia o desafio de novas tecnologias, que adota os novos gêneros com uma flexibilidade que espantaria os públicos meio aterrorizados que tremiam diante dos primeiros filmes em preto e branco.

Os fabricantes de tecnologias também têm um incentivo econômico para obedecer ao princípio do regime de competência: se a nova plataforma – um sistema operacional, por exemplo, um comunicador sem fio ou um gravador pessoal de vídeo no estilo TiVo – for muito familiar, vai parecer ultrapassada para os potenciais consumidores; mas se ficar muito além do regime de competência, também vai perder público. Novas tecnologias que desafiem a mente sem exigir demais dela, lançadas em ciclos cada vez mais curtos, farão a linha que aponta nossa capacidade de sondar e dominar sistemas complexos subir continuamente, formando uma ascensão parabólica à medida que os ciclos de velocidade elétrica aumentam.

Se projetarmos esses dados em um período de cem anos, teremos um gráfico muito parecido com o do Efeito Flynn.

A CORRIDA DA CULTURA POP rumo ao topo ao longo das últimas décadas nos força a repensar nossas suposições sobre as tendências básicas da sociedade de massa: o cenário de *Admirável mundo novo*, no qual conglomerados de mídia, interessados unicamente em seus lucros absurdos e sem qualquer preocupação com o desenvolvimento mental de seus consumidores, nos alimentam com uma série de narcóticos estupefacientes. Como vimos, a Curva do Dorminhoco não é resultado da caridade dos titãs da mídia; há um incentivo econômico para produzir uma cultura mais desafiadora, graças às tecnologias de repetição e de metacomentários. Mas o resultado final é o mesmo: deixada por conta própria, seguindo seus próprios objetivos de lucro, o ecossistema da mídia vem despejando cultura popular que com o tempo tem se tornado cada vez mais complexa. Para ter uma noção, imagine uma versão de *Admirável mundo novo* em que o soma e os cinemas sensíveis deixam as pessoas mais inteligentes.

Se a Curva do Dorminhoco vira de cabeça para baixo o senso comum sobre cultura de massa, ela faz algo parecido com nossa cabeça – e com os truísmos que gostamos de dizer. Quase todas as histórias apocalípticas sobre a decadência da cultura pop contêm uma mensagem implícita de que a culpa é da vítima: as porcarias culturais prosperam porque as pessoas são naturalmente atraídas por prazeres simples, infantis. As crianças se distraem diante de seus programas na TV ou seus videogames porque o pensamento busca não pensar. É a Teoria da Preguiça sobre as funções cerebrais: o cérebro humano deseja, acima de tudo, que o mundo exterior não o obrigue a trabalhar muito. Se pudesse ter tudo o que quisesse, nosso cérebro preferiria se refestelar em fantasias ociosas e diversões suaves. E assim, como nunca foi de rejeitar um apetite básico, a indústria cultural atende. O resultado é uma sociedade em que a maturidade, nas palavras de Andrew Solomon, é um "processo de atrofia mental".

Esses são sentimentos bastante comuns, mas contêm um conjunto bizarro de suposições quando considerados com distanciamento. Deixemos de lado, por enquanto, a questão histórica de por que o QI está crescendo a uma taxa acelerada enquanto metade da população se perde em atrofia mental. Em vez disso, comecemos com a questão mais básica: por que, afinal, nossos cérebros iriam ativamente buscar a atrofia?

Os críticos na linha de *Admirável mundo novo* falam muito sobre os males dos conglomerados de mídia, mas sua visão de mundo também contém uma imagem muito pessimista da mente humana. Creio que as suposições sombrias sobre nossos desejos inatos por porcarias culturais estão completamente invertidas. Sabemos, pela neurociência, que o cérebro tem sistemas dedicados que respondem a novos desafios e experiências – e os buscam. Somos uma espécie solucionadora de problemas, e quando nos confrontamos com situações em que é preciso preencher lacunas, ou em que é preciso resolver um quebra-cabeça, nossa mente rumina compulsivamente sobre o problema até deslindá-lo. Quando encontramos novas circunstâncias, quando nosso ambiente muda de modo surpreendente, nosso cérebro se fixa na mudança e tenta contextualizá-la ou decifrar sua lógica subjacente.

Algumas vezes os pais ficam chocados com o efeito hipnótico que a televisão tem sobre seus bebês; eles veem seus filhos, normalmente vibrantes e ativos, encararem a tela em silêncio e de boca aberta, e então imaginam o pior: a televisão os está transformando em zumbis. O mesmo sentimento ocorre alguns anos depois, quando eles veem as crianças navegando pelo mundo do videogame, alheias à realidade que as cerca. Mas essas expressões não são sinais de atrofia mental. São sinais de *concentração.* O cérebro dos bebês está sempre explorando o mundo em busca de novos estímulos, precisamente porque aprender é descobrir e entender novas coisas e experiências. Em uma casa em que a maioria dos objetos permanece no mesmo lugar dia após dia, e na qual não aparecem novas pessoas, o teatro de marionetes na tela da televisão é a coisa mais surpreendente no ambiente da criança, os estímulos que mais precisam de escrutínio e explicação. E assim a criança se prende. Se de repente surgisse um teatro de marionetes de verdade no meio da sala, sem dúvida a criança vai preferir compreender aquilo. Mas, na maioria dos ambientes familiares comuns, os estímulos na tela são o que mais oferece diversidade e surpresa. O cérebro das crianças se concentra naquilo por um bom motivo.

Pensemos assim: se nosso cérebro realmente desejasse se atrofiar diante de entretenimentos fúteis, a história das últimas três décadas de videogames – desde Pong até The Sims – seria uma história de games cada vez mais simples. Ninguém jamais precisaria de um manual ou de um detonado; bastaria voar por esse mundo, um semideus intocado por qualquer desafio ou complexidade. Os criadores de games iriam concorrer furiosamente para produzir os títulos mais simples: todos os espaços virtuais iriam levar o jogador pelo caminho de menor resistência. Evidentemente, aconteceu exatamente o contrário. Os games ficaram mais desafiadores a uma velocidade impressionante: do manual de uma página com os padrões do PacMan para o detonado de 53 mil palavras do Grand Theft Auto III em apenas duas décadas. Os games estão ficando mais difíceis porque existe um incentivo econômico para torná-los mais difíceis – e esses incentivos econômicos existem porque nosso cérebro *gosta* de ser desafiado.

Se nossos apetites mentais nos impelem a uma complexidade maior, e não menor, por que tantos estudos mostram que estamos lendo menos livros do que antes? Mesmo que aceitemos a premissa de que a televisão e os games podem oferecer desafios cognitivos genuínos, certamente precisamos admitir que os livros desafiam faculdades mentais diferentes, mas igualmente importantes. E ainda assim estamos continuamente nos afastando da página impressa. Não será isso um sinal de que nosso cérebro está gravitando em direção a formas inferiores?

Acho que a resposta é não, por duas razões correlatas. Em primeiro lugar, a maioria dos estudos sobre leitura ignora a imensa explosão na leitura (para não falar na escrita) graças à ascensão da internet. Milhões de pessoas passam grande parte do dia encarando palavras em uma tela: navegando pela web, lendo e-mails, batendo papo com amigos, postando um comentário em um daqueles 8 milhões de blogs. É claro que conversas por e-mail ou análises na internet sobre *O aprendiz* não são o mesmo que romances, mas também são formas de texto. Embora não tenham qualquer profundidade narrativa em comparação com os romances, muitas interações on-line têm o benefício de ser genuinamente de mão dupla: o próprio usuário está juntando as palavras, não apenas digerindo as palavras de outra pessoa. Parte da compensação pela redução da leitura é o fato de que estamos escrevendo mais.

O fato de gastarmos tanto tempo na internet leva à outra razão, mais crucial: sim, estamos passando menos tempo lendo literatura de ficção, mas é porque estamos gastando menos tempo com *tudo* o que costumávamos fazer antes. Na verdade, a tendência declinante que mais assusta os publicitários e seus clientes não é a diminuição da leitura de textos literários – é a diminuição do tempo assistindo televisão. A faixa demográfica mais visada nos Estados Unidos – homens na faixa dos vinte anos – vê quase um quinto menos de televisão do que há apenas cinco anos. Estamos comprando menos CDs; estamos indo ao cinema com menos regularidade. Estamos fazendo menos dessas antigas atividades porque nos últimos dez anos cerca de uma dúzia de novas atividades se tornaram genuinamente populares: a web, e-mails, games, DVDs, televisão a cabo por demanda, bate-papos na internet. Estamos lendo menos porque o dia tem uma quantidade limitada de horas, e à nossa disposição há todas essas novas opções para digerir e explorar. Se a leitura fosse a única atividade cultural a apresentar declínio, poderia haver razão para alarme. Mas esse declínio se estende por todas as antigas formas midiáticas. Enquanto a leitura de livros continuar sendo uma *parte* de nossa dieta cultural, e enquanto as novas formas populares continuarem a oferecer suas próprias recompensas cognitivas, é improvável que recaiamos em uma cultura de atrofia mental em um futuro próximo.

Vamos agora às más notícias. As últimas três décadas de cultura popular são uma história de complexidade crescente e de demandas cognitivas maiores, uma ascensão que corre paralelamente – e que bem pode explicar – a tendência ascendente do nosso QI. Mas há custos ocultos na Curva do Dorminhoco. É crucial abandonarmos o cenário de *Admirável mundo novo*, no qual a diversão fútil sempre supera as alternativas mais desafiadoras, e deixarmos de lado de uma vez por todas a visão de George Will quanto a uma "sociedade cada vez mais infantilizada". A cultura pop não é uma corrida para o fundo do poço, e já é tempo de aceitarmos – e mesmo celebrarmos – esse fato. Mas até mesmo o desenvolvimento social mais salutar vem acompanhado de efeitos periféricos menos desejáveis.

A ascensão da internet impediu a morte do universo tipográfico – e sua substituição pela sociedade da imagem – prevista por McLuhan e Postman. Graças ao e-mail e à web, estamos lendo tanto texto quanto antes e escrevendo mais. Mas é verdade que um tipo específico historicamente crucial de leitura ficou menos comum nessa sociedade: sentar-se com um livro de trezentas páginas e seguir seu argumento ou sua narrativa sem muitas distrações. Agora nos relacionamos com o texto em investidas mais curtas, seguindo links pela web ou passando os olhos por uma dúzia de e-mails. A amplitude de informação é maior nesse mundo, e muito mais participativa. Mas certos tipos de experiências não podem ser transmitidos facilmente nessa forma mais conectada e abreviada. Obras de persuasão complicadas e sequenciais, nas quais cada premissa parte de uma anterior e nas quais o desenvolvimento de uma ideia pode demandar um capítulo inteiro, não são adequadas à vida na tela do computador. (Muito menos em programas de entrevistas.) Não consigo imaginar viver sem e-mail, e tenho muita satisfação intelectual em postar em meu blog, mas nunca tentaria transmitir o argumento deste livro em nenhuma dessas formas. Postman tem razão:

> Envolver-se no mundo da escrita significa seguir uma linha de pensamento, o que exige considerável capacidade de classificação, inferência e raciocínio. ... Nos séculos XVIII e XIX, o texto impresso promoveu uma definição de inteligência que dava prioridade ao uso racional e objetivo da mente e ao mesmo tempo encorajava formas de discurso público com séries, conteúdo ordenado logicamente. Não é por acaso que a Era da Razão coexistiu com o crescimento da cultura impressa, primeiro na Europa, depois na América.

É claro que os textos em rede têm suas próprias riquezas intelectuais: textos curtos, comentários, conversas – tudo isso floresce nesse ecossistema, e todos podem ser espantosamente inteligentes. Mas, ainda assim, possuem um tipo de inteligência *diferente* do que é transmitido pela leitura de um argumento sustentado ao longo de duzentas páginas. É possível transmitir com facilidade atitudes e conexões no mundo online; é possível trocar ideias com vinte estranhos de uma maneira que há dez anos seria impensável. Mas é mais difícil transmitir uma perspectiva amplamente desenvolvida. Ao visitar o blog de alguém, tem-se a sensação maravilhosa – e às vezes maravilhosamente íntima – de perceber a voz do blogueiro. Mas, quando se mergulha em um livro, há um tipo diferente de experiência: o leitor entra na mente do autor e vê o mundo através dos olhos dele.

Algo semelhante também acontece quando se lê ficção. Nenhuma outra forma cultural na história superou a capacidade que os romances têm de recriar a paisagem mental de outra consciência, de projetar o leitor para dentro da experiência pessoal de outros seres humanos. O cinema e o teatro podem fazer o espectador se sentir parte da ação, mas o romance dá uma visão interna incomparável: tem-se acesso não apenas aos acontecimentos da vida de outro ser humano, mas à maneira exata como esses acontecimentos se estabelecem na consciência dele. (Isso vale principalmente para os clássicos modernos: James, Eliot, Woolf, Conrad.) Ao ler *Retrato de uma senhora* – abrindo mão das expectativas da era MTV quanto ao ritmo e habituando-se à sintaxe bizantina de James –, você experimenta os pensamentos e as sensações de outra pessoa com uma clareza que chega a ser misteriosa. Mas, para funcionar, essa imersão cognitiva exige uma imersão física: é preciso se comprometer com o livro, passar longos períodos de dedicação a ele. Se a leitura for de pequenos pedaços de cada vez, o efeito se dilui, como uma imagem em movimento dissolvendo-se em uma sequência de quadros estáticos.

Então a Curva do Dorminhoco sugere que a cultura popular não está ajudando a treinar nossa mente a seguir um texto argumentativo ou narrativo longo que não demande genuína interatividade. (Como vimos na cultura dos games, as crianças têm um talento incrível de concentração duradoura quando a forma é verdadeiramente participativa.) A boa notícia, claro, é que as crianças não estão sendo educadas exclusivamente com Nintendos ou celulares. Ainda temos escolas e pais para ensinar a sabedoria que a cultura popular não transmite. O manual do dr. Spock não estava de todo errado, afinal: os pais deveriam "desde cedo ... estimular em seus filhos o amor pela leitura e pela palavra impressa". Eles só não deveriam subestimar as virtudes das outras mídias.

Mas o que dizer sobre todo o sexo e a violência? Tendo defendido os desafios cognitivos da cultura popular de hoje, é justo voltar à questão moral. Mesmo que se aceite a premissa de que um estoque inteiro de ferramentas intelectuais – nossa habilidade para reconhecer padrões, nossa capacidade de sondar e telescopar, de mapear narrativas complicadas – foi incrementado por tendências progressivas na cultura popular, ainda seria possível argumentar razoavelmente que todas essas melhorias não compensam os decadentes padrões morais e comportamentais amparados por essas formas. Nesse caso, a Curva do Dorminhoco seria apenas um prêmio de consolação – estamos criando uma geração de astros cognitivos que, no entanto, não têm orientação ética. Inteligentes, sim, mas sem valores.

Questiono esse cenário por diversos motivos. Em primeiro lugar, desconfio que superestimamos seriamente a extensão com que a mídia nos transmite nossos valores fundamentais. Muitas pessoas compreendem que os personagens na tela são fictícios, e seus defeitos estão ali para nos divertir e entreter, não para constituir uma referência ética. Pais e grupos de conhecidos ainda têm muito mais influência sobre nossos valores do que Tony Soprano ou os ladrões de carro de Grand Theft Auto. E a verdade é que a maioria dos programas, games e filmes ainda acaba gravitando rumo a estruturas de moralidade tradicional: os mocinhos continuam vencendo, e normalmente o conseguem sendo honestos e seguindo as regras. Para cada *Família Soprano* ou Grand Theft Auto existem dez *The West Wing* e Zelda, contos de fadas de boas e sérias intenções e de orgulho cívico.

Não deveríamos nos surpreender com o fato de parte da cultura atual forçar os limites de valores morais considerados aceitáveis e salutares, porque é da natureza do mito e do ato de contar histórias a exploração das fronteiras das crenças e convenções aprovadas pela sociedade. As histórias populares raramente florescem em ambientes de perfeita clareza moral; elas tendem a se desenvolver exatamente nos espaços onde alguma ordem estabelecida está sendo questionada ou testada. Ainda estamos recontando o mito de Édipo precisamente porque ele gira em torno da violação de valores humanos fundamentais. Histórias de famílias perfeitamente felizes – nas quais todas as leis são obedecidas e nenhum valor é desafiado – não nos cativam da mesma maneira. (Até mesmo *A família Sol-Lá-Si-Dó* exigiu que duas famílias nucleares preexistentes se desfizessem para que sua própria narrativa se desenvolvesse.) Então, quando vemos a cultura popular explorando comportamentos que muitos acham moralmente falidos, precisamos nos lembrar de que desviar-se de uma norma ética não é apenas uma história antiga. Em um sentido real, é como as histórias começam.

Certamente é verdade que a mídia atual está mais violenta do que nunca, pelo menos em termos de carnificinas físicas recriadas na tela. A violência sempre foi uma constante nas narrativas que nós nos contamos – é parte daquela tendência da narrativa de buscar os extremos da experiência humana. A diferença é que agora podemos ver os detalhes corporais daquela violência de maneiras inimagináveis há apenas cinquenta anos. Os videogames, em particular, ficaram muito mais violentos desde os anos 1990, à medida que os recursos gráficos dos computadores modernos permitiram exposições cada vez mais realistas de derramamento de sangue.

A questão é saber se essa violência tem algum efeito na mente que a apreende. A essa altura, não deve ser necessário dizer que acredito que formas diferentes de mídia podem alterar nosso cérebro de maneiras significativas; a premissa da Curva do Dorminhoco adere a esse princípio: um entretenimento popular mais complexo está criando mentes mais adeptas a certos tipos de solução de problemas. Mas a violência é parte do *conteúdo* da mídia popular, e, como expliquei ao longo das páginas precedentes, o conteúdo da maioria dos produtos de entretenimento tem menos impacto do que o tipo de pensamento que eles exigem do consumidor. É por isso que insistimos que os pais estimulem em seus filhos um amor geral pela leitura, sem se preocupar muito com *o que* eles estão lendo – porque acreditamos que existe um benefício cognitivo louvável simplesmente no ato de ler a sós, independentemente do conteúdo. O mesmo princípio se aplica à televisão, aos filmes, aos games.

Sob qualquer aspecto, o conteúdo de um episódio de *24 horas* é mais violento e perturbador do que um de *My Three Sons*. Mas *24 horas* faz o espectador *pensar* de maneiras que programas mais antigos jamais ousaram; ele o faz analisar situações complexas, acompanhar redes sociais, completar informações omitidas pelos criadores. A grande maioria dos espectadores compreende que a violência nesses programas atuais é ficção;

eles compreendem que não devem considerar Tony Soprano um exemplo moral a ser seguido, ou adaptar sua forma de dirigir carros de acordo com suas excursões em Grand Theft Auto. Mas o exercício mental que eles praticam diante desses programas ou games não é ficção. Lembremo-nos do teste que demonstra como a inteligência visual dos indivíduos melhorou depois que eles jogaram Medal of Honor; correndo de um lado para outro e atirando em coisas, em uma simulação militar, eles treinaram seus sistemas de percepção para funcionar em um nível mais alto. Até aí, está claro. A questão é saber se essa experiência também os tornou mais propensos a pegar uma arma na vida real, mais propensos a recorrer à violência para resolver os problemas da vida real.

Se o tema do entretenimento popular realmente tivesse um impacto significativo em nosso comportamento (e, especialmente, no comportamento das gerações mais jovens), então, pela lógica, deveríamos esperar tendências muito diferentes na sociedade do mundo real. Desde os anos 1990 – um período de violência *ficcional* sem precedentes nos lares americanos, graças a Quake, aos filmes de Quentin Tarantino e a Tony Soprano –, os Estados Unidos experimentaram ao mesmo tempo a maior queda de crimes violentos da história. Sim, provavelmente os atiradores de Columbine foram influenciados por games violentos como Quake, mas, por mais trágico que tenha sido aquele acontecimento, tendências sociais não são analisadas pelo exame de exemplos isolados; deve-se olhar para padrões gerais da sociedade, e o padrão geral da última década é de menos violência, não mais. Essa melhoria é mais reveladora em especial nos grupos demográficos supostamente sob risco da violência influenciada pela mídia. No final de 2004, os departamentos de Justiça e de Educação dos Estados Unidos publicaram um estudo conjunto que demonstrava uma queda literalmente pela metade de crimes violentos nas escolas americanas entre 1992 e 2002, passando de 48 para 24 incidentes por 100 mil alunos.

Agora, é teoricamente possível que, mesmo assim, a mídia violenta tenha provocado atos violentos ao longo daquele período, mas esses efeitos têm sido mascarados por outras forças – pacificadoras – em ação na sociedade: mais policiamento, maiores índices de encarceramento, menos desemprego. Talvez tivéssemos apenas *dez* atos violentos por 100 mil alunos se não fosse por Grand Theft Auto. (Claro, é igualmente provável que a exposição à mídia violenta – em especial no modo participativo oferecido pelos games – funcione como uma válvula de escape para jovens que poderiam desejar expressar sua agressão no mundo real, e portanto leve a uma redução na violência.) Uma coisa sabemos com certeza: se existe alguma correlação positiva entre exposição à violência ficcional e comportamento violento, seus efeitos são, por definição, muito mais fracos do que as outras tendências sociais que moldam a violência na sociedade.

Isso significa que vale tudo? Muitas vezes me perguntam o que a Curva do Dorminhoco representa para as decisões práticas que os pais têm de tomar a fim de administrar o tempo livre de seus filhos. Entendo que, ao escrever este livro, submeto-me ao risco de ser conhecido como o cara que argumenta que a garotada deveria poder jogar Doom o dia inteiro e nunca abrir um romance. Então vou ser claro com os pais que estão lendo isto. Sim, a tendência vai no sentido de maior complexidade da mídia; sim, games, programas de televisão e filmes têm recompensas cognitivas que deveríamos entender e valorizar. Mas algumas dessas obras culturais são mais recompensadoras do que outras.

Ao apontar algumas das maneiras como a cultura popular melhorou nossa mente, não estou defendendo que pais e demais responsáveis deixem de prestar atenção à forma como seus filhos se divertem. O que *estou* defendendo é uma mudança nos critérios usados para determinar o que realmente é porcaria cognitiva e o que é genuinamente nutritivo. Em vez de nos preocuparmos quanto ao conteúdo violento ou de mau gosto, em vez de denunciarmos problemas de vestuário ou palavrões, o verdadeiro teste deveria ser se determinado programa estimula ou entorpece a mente. Ele se enquadra na Programação Minimamente Objetável ou na Programação Mais Repetível? É uma única linha narrativa marcada com piadas previsíveis a cada trinta segundos? Ou mapeia uma rede social complexa? O personagem na tela corre para todo canto e atira em tudo o que vê ou está tentando resolver problemas e administrar recursos? Se seus filhos querem assistir a *reality shows*, prefira *Survivor* a *Fear Factor*. Se querem assistir a um programa de mistério, prefira *24 horas* a *Lei & Ordem*. Se querem jogar um game violento, prefira Grand Theft Auto a Quake. (Na verdade, seria igualmente útil um sistema de classificação que usasse trabalho mental, e não obscenidade e violência, como quesito para o mundo da cultura de massa.) Para os pais, se o princípio de seleção estiver fundamentado no desafio cognitivo, e não no conteúdo, então não será preciso limitar o consumo de mídia de seus filhos a uma dose diária de noticiários e programas educativos; a cultura popular já está fornecendo bastante exercício cognitivo.

No que diz respeito a nossa dieta de mídia – sejamos jovens, velhos ou de qualquer ponto intermediário –, a regra do bom senso continua valendo: moderação em tudo. Por mais louvável que seja SimCity, se você passou a semana passada trancado no quarto jogando, deveria pegar um livro, para variar. (E de preferência que não seja um manual do jogo.) Mas também não deveríamos nos privar de uma ou outra obsessão. Esses mundos nas nossas telas são ricos e profundos; não é possível vivenciá-los de verdade – sondar sua física e telescopar o percurso ao longo de seus vários objetivos – sem ficar um pouco obcecado no processo. Da obsessão vem a perícia, uma confiança nos próprios poderes de análise – o sentimento de que, se dedicar tempo suficiente ao sistema, vai acabar descobrindo como funciona.

Tanto a garotada quanto os adultos podem aprender com essas obsessões. Na verdade, uma das oportunidades únicas desse momento cultural está precisamente na fronteira indistinta que separa a cultura adulta da infantil: pessoas de cinquenta anos devoram Harry Potter; a média de idade do público dos videogames é de 29 anos; enquanto isso, crianças estão trabalhando em dois empregos virtuais para sustentar uma família de seis em The Sims. A maioria das diversões populares características de nosso tempo – filmes da Pixar, *O senhor dos anéis*, *Survivor* – tem um apelo genuíno para crianças de dez anos, jovens adultos e pessoas de meia-idade. Há alguns anos, o escritor Kurt Andersen apresentou na *New Yorker* uma descrição perspicaz dessa tendência:

> Mais do que qualquer outra pessoa, Steven Spielberg é responsável por essa magnífica indefinição demográfica. Ele inventou o notável híbrido moderno hollywoodiano – filmes leves e sofisticados para adultos, filmes infantis que os adultos não têm vergonha de querer ver, como *Indiana Jones* e *Jurassic Park*. ... Nossos pais podem ter dado uma olhada em *Os Flintstones*, mas esse não estava entre os programas preferidos dos adultos; *Os Simpsons*, *O rei do pedaço* e *South Park* estão.

Com muita frequência pensamos nessa indefinição entre cultura infantil e cultura de adultos como uma série de violações: crianças de nove anos que perguntam o que é um piercing de mamilo graças a Janet Jackson; adolescentes de classe média que recitam letras obscenas de rap em vez do Hino à Bandeira. Mas essa indefinição demográfica tem um lado elogiável que não recebe o devido crédito. As crianças são forçadas a pensar como adultos: analisar redes sociais complexas, administrar recursos, acompanhar entrecruzamentos narrativos sutis, reconhecer padrões de longo prazo. Os adultos, por sua vez, acabam aprendendo com as crianças: decifrar cada nova onda tecnológica, destrinçar as interfaces e descobrir as recompensas intelectuais do jogo. Os pais deveriam ver isso como uma oportunidade, não uma crise. A cultura inteligente não é mais algo que os filhos precisam ser forçados a ingerir, como se fosse um prato de legumes. É algo para ser compartilhado.

NÃO TENHO MAIS QUASE NADA dos jogos de beisebol com dados que eu inventei há tantos anos: apenas algumas cartas dos Yankees de 1979. Mas, graças aos estoques infinitos do eBay, agora tenho bem junto a mim no escritório alguns dos meus jogos favoritos daquela época de minha vida: APBA, Strat-o-Matic, até mesmo Extra Innings. De vez em quando pego um deles e dou uma olhada nas cartas de jogadores e nas tabelas. O contato sempre me deixa em um estado estranho de devaneio. Por um lado, as cores e os formatos – até mesmo a tipografia – dos jogos são maravilhosamente familiares. Mas, ao mesmo tempo, criou-se uma enorme distância entre esses jogos e meu eu adulto. Certa vez passei uma noite inteira explorando o fichário do Extra Innings, com suas intermináveis linhas de dados, tentando reunir toda a minha capacidade intelectual para descobrir como é que o jogo funcionava. Eu poderia ter conferido as instruções, claro, mas queria fazer da maneira difícil, porque eu já soube as regras desse jogo mais profundamente do que qualquer coisa em minha vida – e, ademais, eu tinha apenas dez anos naquela época! Não devia ser tão difícil, certo? No entanto, quanto mais olhava para as tabelas, mais o jogo me parecia um enigma, uma espécie de linguagem numérica de programação que eu jamais tivesse aprendido. E com aquele mistério veio uma espécie de maravilhamento: não por meu eu de dez anos ter sido capaz de aprender essa linguagem – afinal de contas, as crianças são capazes de feitos cognitivos incríveis –, mas por eu ter tido a dedicação e a disposição para dominar um sistema tão complexo sem que ninguém me obrigasse a aprender.

Quando penso no meu eu de dez anos, esparramado no chão do meu quarto, consultando minhas tabelas de beisebol com dados como se fossem uma espécie de Escrituras de estatísticas, vejo todas as características peculiares da Curva do Dorminhoco espreitando ali, em embrião. Eu estava me divertindo, sem dúvida, mas a diversão advinha do desafio de sondar um mundo virtual, aprendendo e inventando suas regras no processo. Cada jogo que chegava pelo correio, cada jogo que eu mesmo criava, oferecia um universo novo e inebriante para ser explorado. Com o tempo, percebi que gostava mais do processo de aprender um jogo novo do que de jogá-lo de fato. Em minhas obsessões com beisebol com dados não surgia nenhuma narrativa interessante nem qualquer instrução moral. Desconfio que minha sociabilidade tenha sofrido um pouco com todas aquelas horas que passei trancado sozinho no quarto. Mas estou convencido de que, nessa fase da vida, em nenhuma outra atividade – na sala de aula ou em qualquer outro lugar – minha mente foi aplicada com tanto rigor conceitual e tanta concentração. Eu estava aprendendo a *pensar* ali no chão, com meus dados de vinte lados e minhas tabelas de situação. Pode não ter parecido grande coisa – por outro lado, ficar sentado em um canto e enfiar o nariz em um livro também não parece.

Aqueles anos que passei com minhas simulações de beisebol são agora um rito de passagem rotineiro para a maior parte da garotada de hoje, seja sondando os mundos de Zelda, aprendendo novos protocolos de comunicação ou seguindo as diversas linhas de *Procurando Nemo*. Acreditar na Curva do Dorminhoco não significa achar que pais, professores ou outras pessoas que servem de exemplo tenham ficado obsoletos. Não significa que devamos desistir da leitura e deixar nossos filhos passar todo o tempo livre deles agarrados ao Xbox. Mas significa, sim, que deveríamos descartar, de uma vez por todas, algumas suposições simplistas que gostamos de fazer sobre o estado da sociedade moderna. A corrida cultural rumo ao fundo do poço é um mito; não vivemos em um estado decadente de prazeres fajutos que não chegam aos pés da riqueza intelectual de antigamente. E não somos preguiçosos natos, atraídos inexoravelmente para o entretenimento menos ofensivo e menos complicado disponível. A nossa volta, o mundo do entretenimento de massa fica cada vez mais exigente e sofisticado, e nosso cérebro gravita alegremente em direção a essa nova complexidade. E, com essa gravitação, deixa o efeito ainda mais pronunciado. O estado natural da cultura popular ao longo do tempo não é o do emburrecimento – pelo contrário. A grande história não contada sobre a cultura atual é a de quantas tendências bem-vindas estão crescendo.

Posfácio

Escrevi *Tudo que é ruim é bom para você* para começar uma conversa, mas, durante um ou dois meses depois do lançamento, temi que a conversa nunca terminasse. Mesmo antes de o livro chegar às prateleiras nos Estados Unidos, o *Sunday Times* em Londres já mencionava um livro novo e ousado que estava provocando controvérsia entre os americanos. Depois do lançamento oficial do livro, fui entrevistado em média dez vezes por dia durante pelo menos um mês. A blogosfera ferveu com discussões sobre a teoria da Curva do Dorminhoco. Apareceram matérias sobre o livro em jornais de uma dúzia de países diferentes, embora ele não tivesse sido traduzido para lugar nenhum ainda. Um leitor na Suécia me mandou a fotografia da manchete de um tabloide que dizia: CRÍTICO AFIRMA QUE OS REALITY SHOWS NOS DEIXAM MAIS INTELIGENTES!

Uma das conversas mais memoráveis sobre o livro aconteceu durante a turnê para a promoção da edição britânica, lançada algumas semanas depois da edição americana. Vender a teoria da Curva do Dorminhoco aos ingleses era uma tarefa que eu encarava com certa ansiedade. Eu sabia que o argumento sobre a complexidade dos games e da internet se aplicaria perfeitamente a um público britânico, mas me preocupava a questão da televisão. Era relativamente fácil convencer os americanos quanto ao estado lamentável dos programas de TV do final dos anos 1970, mas será que a augusta tradição da BBC não deixaria os britânicos menos identificados com o tema?

Minha preocupação aumentou quando soube que meu editor no Reino Unido havia acertado uma aparição minha em um prestigioso programa cultural da BBC Radio 3 pouco depois que eu chegasse. O formato, tal como me explicaram, parecia uma receita para a humilhação pública:

primeiro um moderador pediria que eu apresentasse meu argumento, e então um "respondente" – um respeitado crítico cultural britânico, pelo que me disseram – ofereceria sua perspectiva sobre minha teoria. Cheguei ao estúdio em cima da hora, e assim só consegui trocar um oi muito rápido com o crítico, que eu achava que seria um oponente contestador que logo começaria a ridicularizar minha apologia à cultura americana barata. Poucos segundos depois, pelo que me pareceu, o programa começou e eu passei a apresentar – ligeiramente cansado da viagem – um resumo do assunto do livro. Depois de uns dez minutos, o moderador virou-se para o crítico e disse: "O que o senhor acha disso? A argumentação do sr. Johnson parece convincente?"

O respondente ficou em silêncio por um segundo e aí proferiu o que provavelmente era a sequência mais inesperada de palavras que eu poderia ter imaginado. "Bem, eu preciso dizer que fiquei *chocado* com o fato de ele ter conseguido escrever um livro inteiro sobre a inteligência da cultura popular sem sequer uma menção a *Buffy, a caça-vampiros*." E começou então um discurso muitíssimo convincente sobre a complexidade filosófica e estrutural de *Buffy*, que, de fato, poderia ter sido um capítulo perdido de *Tudo que é ruim*.

Eu provavelmente deveria ter previsto o comentário sobre *Buffy*. Para cada crítico de *Tudo que é ruim* que encontrava alguma coisa pouco convincente em minha argumentação, havia outro leitor cuja principal objeção envolvia algum clássico da cultura pop que eu não incluíra. Algumas pessoas se queixaram, com razão, de que eu havia ignorado a brilhante série *A escuta* (*The Wire*), da HBO; fãs de ficção científica sempre acabavam chamando atenção para a ausência de referências a *Firefly* e a *Babylon Five*; adeptos dos *reality shows* reclamaram que eu havia ignorado *The Amazing Race*. Henry Jenkins, o excelente crítico de cultura pop, chegou a sugerir, em uma palestra pública sobre o livro no MIT, que a teoria da Curva do Dorminhoco poderia se aplicar igualmente bem aos últimos trinta anos de histórias em quadrinhos e de luta livre.

Talvez as omissões mais graves simplesmente tenham aparecido tarde demais para serem incluídas no livro: o megassucesso internacional *Lost*, cuja história intricada e de várias camadas sobre vinte e poucos sobreviventes de um desastre aéreo incorpora todos os princípios da Curva do Dorminhoco – inclusive os extraordinários sites amadores dedicados aos labirínticos mistérios da série. Economicamente, *Lost* levou o argumento da "programação mais repetível" a um outro nível: uma programação complexa era não apenas capaz de gerar lucro, mas também de, quase sozinha, mudar o destino de uma emissora inteira. Enquanto isso, no setor dos games, o título mais popular nos Estados Unidos no outono de 2005 era a simulação espantosamente complexa Civilization IV, que permitia que os jogadores recriassem todo o curso da história tecnoeconômica da humanidade.

Mas nem todos acharam que os pecados de *Tudo que é ruim* fossem apenas de omissão. Houve um bocado de céticos, embora talvez menos do que eu havia imaginado. Curiosamente, essas críticas tendiam a vir mais da esquerda do que da direita. (A coligação dos valores morais parecia ter ignorado completamente o livro.) Tenho a impressão de que alguns críticos ignoraram de propósito partes da argumentação, e para eles deixarei que o texto original fale por si mesmo. Mas vários levantaram objeções válidas que merecem uma resposta mais ou menos detalhada.

Primeiro, a questão política em *Tudo que é ruim*. Alguns leitores tomaram o livro como uma longa apologia ao capitalismo tecnológico desenfreado. Uma resenha relativamente positiva no *Chicago Tribune* condenou o "argumento pró-capitalista" do livro, que faria "até mesmo Adam Smith corar".

Na verdade, não acredito que o capitalismo desenfreado leve inevitavelmente a uma cultura mais inteligente (imagino que isso é o que faria Adam Smith corar). Acho que em geral o capitalismo tem uma história irregular no que se refere a aguçar a mente das pessoas que nele vivem: a maioria das histórias de sucesso tem envolvido contribuições significativas, se não indispensáveis, do setor público. Mas, em geral, o que me deixa otimista é: 1) o poder das tecnologias verdadeiramente interativas de aguçar a mente; e 2) o desejo natural no cérebro humano de buscar desafios mentais sempre que possível.

Como meus dois primeiros livros deixaram claro, sou muito mais um determinista tecnológico do que econômico. Então, para mim a pergunta não é: o que o capitalismo está fazendo com nossa mente? Na verdade, a pergunta é: o que o paradigma tecnológico dominante – combinado com as forças do mercado e do setor público – está fazendo com nossa mente? O livro deixa bem claro que acho que a combinação entre o capitalismo de livre mercado e as tecnologias de comunicação da mídia de massa da segunda metade do século XX resultou em uma cultura popular mais simples e menos exigente. A mesma coisa certamente poderia ser dita sobre as tecnologias industriais e o capitalismo do século XIX: sem dúvida o trabalho na fábrica foi uma experiência embrutecedora das mentes. Mas realmente acho que estamos vivendo um período em que as tecnologias de rede da era digital, os investimentos do setor público (a própria criação da internet) e os incentivos orientados pelo mercado (a noção de "programação mais repetível") juntaram-se para gerar uma tendência ascendente de complexidade na cultura. Mas isso não é simplesmente torcer a favor dos mercados livres, mesmo que seja uma espécie de torcida.

Também vale a pena destacar que um dos desafios recentes mais significativos ao modelo capitalista da propriedade privada surgiu precisamente da comunidade dos aficionados por videogame e tecnologia: softwares de código aberto, Wikipédia, compartilhamento de arquivos *peer-to-peer*, economias alternativas desenvolvidas em mundos virtuais, e assim por diante. Se quisermos evidência de pessoas usando a mente para imaginar alternativas às estruturas econômicas dominantes de seu tempo, encontraremos muito mais experiências na cultura pop atual do que na do final dos anos 1970 e nos anos 1980. Graças a sua imersão nessa cultura em rede, a "garotada de hoje" está muito mais propensa a aderir a projetos coletivos que operam fora dos canais tradicionais da propriedade comercial. E também está muito mais propensa a se ver como produtora de mídia, partilhando coisas só por gosto, do que a geração da passividade da TV que foi descrita por Neil Postman. Ainda existe muito materialismo fútil, é claro, mas acho que a tendência é positiva.

A maioria dos leitores e dos críticos parece ter aceitado a história estrutural da Curva do Dorminhoco: a ideia de que, ao longo das últimas três décadas, as formas culturais pop têm ficado cada vez mais complexas e mentalmente desafiadoras. (O sucesso comercial de *Lost* e de Civilization IV nos meses que se seguiram ao lançamento deste livro não atrapalhou, é claro.) Os problemas surgiram na segunda metade da argumentação do livro, na qual afirmei que a tendência ao crescimento da complexidade estava tendo efeitos positivos sobre nossa mente. A maior parte dessas objeções girou, de uma maneira ou de outra, em torno de minha referência ao Efeito Flynn e ao aumento dos QIs.

Alguns leitores destacaram, com razão, que cálculos de QI – e mesmo o *g* – são definições de inteligência relativamente estreitas. Portanto, não é correto afirmar que "a cultura pop está nos deixando mais inteligentes" se a definição de inteligência que está sendo considerada é estreita. A esses críticos, eu digo: concentrei-me no QI porque essa era a única área na qual de fato havia informações concretas, já que sabemos definitivamente que os índices de QI estão crescendo. Mas não estou particularmente aferrado ao QI como sistema de medida, e desconfio que existem muitas outras maneiras – potencialmente mais importantes – pelas quais também estamos ficando mais inteligentes, muitas das quais não avaliamos. Provavelmente o mais importante é o que às vezes chamamos de pensamento sistêmico: analisar um sistema complexo com diversas variáveis que interagem entre si e mudam ao longo do tempo. O QI não mede essa habilidade, mas ela é precisamente o tipo de coisa em que alguém fica extremamente bom se jogar muitos games como SimCity. Essa inteligência não é de forma alguma trivial – é justamente a "falta" de capacidade de pensamento sistêmico que faz com que as pessoas tenham dificuldade para entender de maneira intuitiva coisas como ecossistema ou problemas sociais complexos.

Uma das razões para escrever este livro foi encorajar a comunidade acadêmica a investigar o potencial de impactos positivos, em vez de ficar martelando eternamente a pergunta sobre a violência no mundo real ser gerada pela violência na mídia. A boa notícia é que esses estudos finalmente estão começando a aparecer, e alguns têm confirmado minhas observações anedóticas em *Tudo que é ruim*. No momento em que escrevo, acaba de ser publicado um novo estudo que mostra que jogar videogames melhora a capacidade do cérebro de passar de um estado "ocioso" de inatividade para um concentrado e objetivo, e de extrair um sinal em meio a ruídos em uma situação complexa. Essas são habilidades mentais cruciais – particularmente em um ambiente supersaturado com muitas distrações em potencial –, que tendem a se atrofiar na meia-idade. Os pesquisadores chegam a recomendar videogames para os idosos que estão tentando manter a mente afiada.

Mas esses estudos ainda são raridades, o que significa que o principal argumento da Curva do Dorminhoco ainda é conjectura. Para alguns críticos, essa falta de prova definitiva foi determinante. Ainda assim, quando observamos livros comparáveis que no passado fizeram afirmações equivalentes – mas diametralmente opostas – sobre a cultura e seu impacto sobre nossa inteligência, percebemos que *Tudo que é ruim* está muito mais atento a evidências empíricas do que seus predecessores. De certo modo, pode-se considerar este livro uma imagem invertida de livros como *The Closing of the American Mind* e *Amusing Ourselves to Death* – que fazem em seus títulos afirmações ousadas sobre o impacto da cultura sobre a mente dos americanos. Esses livros não apresentam qualquer evidência de que as pessoas estejam literalmente emburrecendo; eles apenas apresentam um levantamento anedótico da cultura em geral, comparam-no com momentos culturais do passado e concluem que a tendência é negativa e, portanto, provavelmente tem um efeito negativo sobre nossa mente.

Agora, eu por acaso acho que essa é uma maneira perfeitamente válida de escrever – críticos culturais têm um papel a desempenhar e não é o mesmo papel que se esperaria de um cientista social. E certamente eu poderia ter adotado essa abordagem em *Tudo que é ruim é bom para você*: simplesmente analisar as formas culturais em seus próprios termos e tirar conclusões a partir dessas observações. Não haveria qualquer ciência, evidência, prova – apenas observação e análise.

Mas eu não queria que o livro existisse apenas no nível cultural. Então me desdobrei para incluir outras evidências e modelos explicativos a fim de fundamentar minha tese. Expliquei como as formas populares parecem estar aguçando precisamente os tipos de habilidades medidos pelos testes de QI, e então mostrei que os índices de QI estão subindo. Analisei o estudo de Harvard sobre os jogadores de videogame no mundo corporativo para demonstrar que essas habilidades podem ser aplicadas no mundo real e mencionei o estudo visual de Rochester para destacar que até mesmo estudos muito específicos constatam uma clara transferência de habilidades do game para aplicações no mundo real. Nas notas, desconstruo os números por trás da ilusão de declínio dos resultados do SAT e explico por que os resultados vêm crescendo desde o ponto mais baixo da televisão da década de 1970. E apresentei evidências das ciências do cérebro para explicar por que esse tipo de aprendizado deveria estar acontecendo.

Essa argumentação, baseada puramente em evidências de laboratório, é incontroversa? Claro que não. É um lance inicial, um convite para mais pesquisas. Mas me esforcei para torná-lo muito mais rigoroso – pelo menos no que diz respeito a evidências concretas – do que a maioria das declarações genéricas sobre a mente popular que debatemos no passado.

Porém, por mais otimista que eu seja quanto ao estado da cultura pop, este livro não deve ser considerado uma justificativa extensa para ficar à toa o dia inteiro grudado no Xbox 360. Na turnê de promoção do livro e nas palestras que fiz desde então, muitas vezes acabava contando a história de quando minha mulher e eu nos mudamos para o Brooklyn depois que nosso segundo filho nasceu: queríamos que nossos filhos tivessem a diversidade de estímulos da vida urbana *e* a ligação com a natureza que o Prospect Park permite. Não queríamos que eles crescessem exclusivamente na sala de recreação de uma casa no subúrbio, encarando uma tela de computador durante todo o fim de semana. Queríamos que eles tivessem uma dieta balanceada de experiências de vida: construir fortes no bosque, criar mundos na tela do computador, assistir a *Procurando Nemo*, fazer amigos no parquinho, ler livros, mandar e-mails, navegar na web, jogar beisebol.

Então, por que escrever um livro voltado tão exclusivamente para as virtudes da mídia popular? Porque as virtudes de jogar beisebol, fazer amigos no parquinho e se relacionar com a natureza têm aceitação universal, mesmo que alguns de nós achemos que as experiências propriamente ditas estão em declínio. Mas a discussão sobre a mídia popular tem estado incansavelmente concentrada nas negativas, o que faz com que seja impossível para as pessoas tomar decisões conscientes a respeito de quanto é o bastante. Sim, a cultura popular pode ser viciante e tomar muitas horas do dia; sim, às vezes é preciso traçar um limite. O mesmo vale para a interação social, como qualquer pai que tenha filhos adolescentes pode dizer. Mas não é possível saber onde deve ficar o limite se não houver uma teoria funcional sobre os benefícios em potencial. Para planejar uma dieta balanceada, é preciso saber alguma coisa sobre os nutrientes de *todos* os grupos alimentares, e não só dos que são amparados pela tradição. *Tudo que é ruim* foi minha tentativa para preencher essa lacuna, baseando-me parte na ciência, parte em leituras atentas e parte em minha experiência pessoal como pai e como consumidor de cultura pop. Esta é a última palavra sobre o assunto? Certamente, espero que não.

Brooklyn
Fevereiro de 2006

Notas sobre leituras adicionais

Games

Se não contarmos os guias dos jogos, o volume dos trabalhos que examinam a cultura dos videogames é surpreendentemente escasso, considerando a imensidade que a indústria dos games adquiriu. Mas existem alguns textos bem interessantes, a começar pelo pioneiro *Joystick Nation*, de J.C. Herz. *Trigger Happy*, de Steven Poole, e trechos de *Playing the Future*, de Douglas Rushkoff, apresentam análises perspicazes sobre a cultura do game. O acadêmico James Paul Gee realizou um trabalho muito interessante sobre os efeitos cognitivos de jogar videogames – particularmente em seu livro *What Video Games Have to Teach Us About Learning and Literacy*. Muitas experiências fascinantes sobre o uso de games como ferramentas educacionais foram realizadas pelo consórcio Education Arcade (educationarcade.org), cujo cofundador Henry Jenkins tem sido um modelo de figura pública intelectual da cultura pop, fazendo várias defesas cruciais dos games na mídia e nos tribunais. Algumas das ideias apresentadas aqui sobre a lógica dos jogos são abordadas do ponto de vista do desenvolvedor de jogos no livro *Rules of Play*, de Eric Zimmerman e Katie Salen. O campo teórico dos videogames algumas vezes é chamado de "ludologia"; para mais informações sobre esse movimento crítico nascente, recomendo os sites ludology.org e seriousgames.org. Quem estiver interessado na maneira como a cultura dos games está transformando o mundo empresarial precisa conferir dois livros relativamente novos: *Got Game*, de John Beck e Mitchell Wade, e o delicioso manifesto *The Play Ethic*, de Pat Kane.

Cultura como sistema

Na Introdução, expliquei que minha abordagem neste livro seria mais sistêmica do que simbólica, analisando as forças que produzem determinada forma cultural, e não decodificando seu significado. Não quero que me entendam mal aqui: é claro que as obras culturais têm uma relação simbólica direta com seu contexto sociocultural, e há situações em que explicar essas relações simbólicas pode ser uma iniciativa produtiva. Uma interpretação simbólica ou representativa está mais diretamente relacionada com aquilo que costumávamos chamar, sem ironia, de Grandes Livros, em oposição à cultura pouco sofisticada. Os clássicos – e os que logo serão clássicos – são eles mesmos descrições e explicações dos sistemas culturais que os produziram. *Middlemarch* é uma boa história *e* uma análise da cultura britânica de meados do século XIX. É possível escrever um livro – na verdade foram escritos muitos – sobre como *Middlemarch* representa os desafios e as complexidades dessa cultura. Mas isso seria uma obra de *apreciação*, não de explicação. A pergunta que estaria sendo feita é: "O que George Eliot está tentando dizer aqui?" Já as perguntas feitas neste livro são diferentes. Não é: "O que os criadores de Grand Theft Auto estão tentando dizer?" A pergunta é: "Como foi que Grand Theft Auto surgiu? E que efeitos ele tem sobre as pessoas que o jogam?"

E até mesmo essa formulação é específica demais, porque, em última análise, não estamos interessados em explicar Grand Theft Auto; o que interessa são as tendências culturais em geral, das quais Grand Theft Auto é um exemplo representativo. Essa é uma maneira crucial pela qual a cultura de massa difere da grande arte: na cultura de massa, as obras individuais são menos interessantes do que as tendências mais amplas, e a questão interessante sobre essas tendências é saber de onde elas vêm, que tipo de ecossistema cultural estimula seu desenvolvimento. Essa abordagem sistêmica tem a vantagem de evitar a síndrome do "academicismo de Madonna". Os apresentadores de programas de entrevistas e os comentaristas conservadores adoram debochar dos pesquisadores que estudam cultura pouco sofisticada, justamente porque acham que esses pesquisadores têm a audácia de estudar "Like a Virgin" da mesma maneira que dissecariam *Em busca do tempo perdido*. Mas, se eles estão examinando a obra como parte de um conjunto maior de tendências culturais e analisando escalas diferentes de experiência, então a crítica não procede, porque o interesse final reside na maneira como a cultura afeta a mente humana, e não na santidade da obra individual. E hoje em dia, queiramos ou não, Madonna ocupa mais espaço na mente das pessoas do que Proust. (Mesmo que seus álbuns não tenham mais tanto sucesso.)

Essa abordagem sistêmica, embora ainda não esteja exatamente generalizada, vem ficando cada vez mais comum nos últimos anos, tanto nos comentários acadêmicos quanto nos populares. O ataque filosófico à crítica simbólica começa, de muitas maneiras, com os tratados revolucionários de Gilles Deleuze e Felix Guattari, *O anti-Édipo: capitalismo e esquizofrenia* e *Mil platôs* – duas obras quase impossivelmente densas e alusivas que desmontaram a estrutura então dominante de significante / significado, substituindo-a por um sistema complexo de fluxos interativos. Em vez de árvores alegóricas, Deleuze e Guattari propuseram um modelo "rizômico" de redes que derivou extensamente da linguagem da teoria da complexidade. O modelo deleuziano ficou ainda mais útil nas mãos do brilhante e eclético Manuel De Landa, cuja obra analisou o desenvolvimento das cidades medievais, os padrões evolutivos da língua e a história das armas, tudo isso através das lentes da teoria de sistemas complexos. (Seu livro *A Thousand Years of Nonlinear History* é uma leitura de fundir a cabeça.)

A noção popularizada de "*memes*" – originalmente cunhada por Richard Dawkins quase como apêndice em seu livro *O gene egoísta*, de 1976 – também adota uma abordagem sistêmica da história da cultura: como os próprios genes, as ideias bem-sucedidas (ou *memes*) prosperam porque se reproduzem com facilidade na mente de outras pessoas e assim se espalham pela população. Sua adequação simbólica – a capacidade de representar ou descrever o mundo – é apenas um valor secundário; o atributo definidor de um *meme* não é sua veracidade, mas a capacidade que ele tem de se reproduzir, e se ele pertence a um sistema mais amplo de *memes* (algumas vezes chamado de *memeplexo*) que estimula sua replicação. Como introdução à ciência emergente da memética, recomendo o eloquente e engenhoso livro de Susan Blackmore, *The Meme Machine*. Embora enfatize as conexões interpessoais que dirigem o fluxo de ideias, *O ponto da virada*, best-seller de Malcolm Gladwell, desenvolve uma argumentação semelhante usando a linguagem da epidemiologia. Gladwell afirma que algumas tendências culturais acontecem por causa de forças retroalimentadoras que pouco têm a ver com o conteúdo da tendência propriamente dita: uma onda de interesse por calçados Hush Puppies percorre a sociedade não porque a iconografia dos sapatos inspirada nos anos 1950 represente um desejo de retornar aos valores mais simples daquele tempo, mas porque o sistema complexo da moda tem muitos pontos de fronteira nos quais alguma tendência nova começa um ciclo autoestimulante que a projeta rumo à popularidade nacional. O sapato, assim como um surto brutal de gripe, é mera alegoria. Douglas Rushkoff havia usado metáforas semelhantes de contágio em seu livro de 1993, *Media Virus*, e, embora seu livro mais recente, *Playing the Future*, tenha constituído uma crítica mais simbólica e específica a uma época, ele provavelmente continua sendo o livro de espírito mais parecido ao da argumentação que apresentei aqui.

Consiliência

Abordar a cultura popular como um sistema complexo de forças interativas exige que a análise explore diferentes escalas de experiência. Essa passagem de níveis deve lembrar algo das páginas anteriores: examinamos a evolução dos dispositivos usados para contar histórias nos programas dramáticos de TV a partir da narratologia; o debate sobre o crescimento do metacomentário poderia ter vindo de uma análise mcluhaniana da nova mídia; a exploração da arquitetura de recompensas do cérebro deve muito às descobertas mais recentes da neurociência. A movimentação entre disciplinas não pode ser um simples caso de turismo intelectual; as diferentes escalas devem se *conectar*, em uma espécie de cadeia consiliente. A abordagem narratológica explica o que há de novo na estrutura formal de um videogame ou de uma série de televisão; a análise econômica e tecnológica explica as condições que possibilitaram essa estrutura; e a neurociência explica por que as pessoas sentem-se atraídas por essa estrutura. Cada nível produz informação que, por sua vez, é analisada no nível seguinte.

Um mapa dessa cadeia pareceria algo assim:

Narratologia / Semiótica → A Obra
Teoria da Mídia → A Plataforma
Economia → O Mercado
Sociologia → O Público
Neurociência → A Mente

Cada nível produz uma série de perguntas que só podem ser respondidas em um nível posterior da cadeia. Se um desses níveis for deixado de fora, o quadro geral fica prejudicado; a argumentação ganha pontos cegos. Se a atenção ficar limitada a um nível e todos os outros forem ignorados, todo o ato interpretativo passa a ser descrição, em vez de explicação. É preciso subir a escada inteira para entender direito a história.

Um degrau dessa escada se destaca: a neurociência. A crítica cultural tem um costume antigo de ignorar as ciências (exatas, naturais ou humanas) e o costume recente de apresentar franca hostilidade a elas, ao tentar várias vezes desconstruir ou relativizar as "alegações de verdade" da ciência. Acho que as supostas guerras entre ciências são uma oportunidade tremendamente desperdiçada: colocando os dois lados da disputa um contra o outro, deixam-nos alheios às muitas compatibilidades produtivas que de fato existem. Na verdade, eliminando-se grande parte dessa presunção, tanto a tradição estruturalista quanto a pós-estruturalista têm aspectos que combinam com os novos desenvolvimentos das ciências. Só para citar alguns exemplos: a premissa subjacente à desconstrução – de que nossos sistemas de pensamento são delineados e limitados de forma fundamental pela estrutura de linguagem – ecoa em muitos capítulos de um livro como *O instinto da linguagem*, de Steven Pinker, apesar do fato de o próprio autor ter feito alguns ataques à teoria cultural recente. A noção pós-moderna de "realidade construída" vai muito bem com a ideia da consciência como um tipo de teatro artificial e não uma apreensão direta das coisas em si. Tanto a semiótica quanto o estruturalismo têm raízes nas pesquisas de Lévi-Strauss sobre a mitologia universal, que, obviamente, tem uma relação profunda com o projeto da psicologia evolucionista. E De Landa tem demonstrado amplamente a aliança fundamental entre a filosofia de Deleuze e a teoria da complexidade, uma aliança que remonta ao interesse de Deleuze pelas obras de Ilya Prigogine, ganhador do Prêmio Nobel (e pensador fundamental da teoria da complexidade).

Então, subindo a escada da consiliência, não podemos traçar uma linha arbitrária para dividir as ciências; há muitas relações produtivas. Se McLuhan estiver certo quanto às mídias serem extensões de nosso sistema nervoso central, então temos tanta necessidade de uma teoria do sistema nervoso central quanto de uma teoria da mídia; se a tecnologia de redes que estamos criando tomar a forma de sistemas auto-organizáveis, então precisamos das ferramentas da teoria da complexidade para compreender essas redes. Mas tampouco deveríamos dar às ciências uma supremacia *de facto* sobre os outros níveis do modelo interpretativo. Na argumentação deste livro, a neurociência é usada em vários pontos-chave para explicar a interação entre mídia e mente, mas certamente não é correto descrever meus argumentos como um esforço para reduzir tudo à atividade dos neurônios. Quando se tenta contar a história de como um furacão provocou um prejuízo de 50 bilhões de dólares, a história econômica dos empreendimentos imobiliários em ilhas de barreira é tão importante quanto a história das correntes oceânicas. O mesmo vale para a história de como os videogames acabaram aguçando nossa mente: precisa-se de testes de inteligência, de teoria narrativa, de encefalografia e de economia para contar a história corretamente, e nenhum desses elementos é mais relevante que os outros.

Tenho a impressão de que ao longo da última década o diálogo entre as ciências humanas e as exatas vem adquirindo um grau cada vez maior de civilidade – e com intercâmbios mais frutíferos. Para mim, o trabalho mais interessante atualmente é o que tenta fazer uma ponte entre os dois mundos, que busca ligações, em vez de divisões. É isso, em essência, o que E.O. Wilson propôs em *Consiliência: a unidade do conhecimento*: não a anexação das ciências humanas pelas exatas, mas uma espécie de ponte conceitual. Na verdade, eu diria que o trabalho mais consiliente – para não dizer mais empolgante – da atualidade foi feito por pessoas treinadas como críticas culturais; livros como *The Botany of Desire*, de Michael Pollan, com sua mistura de Nietzsche e Richard Dawkins; as partes sociopolíticas de *Não zero: a lógica do destino humano*, de Robert Wright, e seus escritos posteriores sobre a guerra ao terrorismo; a obra de Gladwell em *O ponto da virada* e em *Blink: a decisão num piscar de olhos*, que aproveita tanto as teorias do marketing quanto a neuropsicologia. (Também já vimos a chegada dos best-sellers consilientes, como *A tormenta*, de Sebastian Junger, cuja narrativa leva o leitor dos padrões macro dos sistemas de tempestades no Atlântico até as interações moleculares ocorridas nos pulmões quando seres humanos se afogam.) Meus próprios livros, como seria de se esperar, exploraram essas mesmas conexões híbridas, entre as ciências da auto-organização e o desenvolvimento da cultura urbana em *Emergência: a dinâmica de rede em formigas, cérebros, cidades*, e entre a neurociência da conexão social e a teoria da comunicação em *De cabeça aberta: conhecendo o cérebro para entender a personalidade humana*. Sem dúvida há mais consiliência interdisciplinar a caminho, e já não é sem tempo. Depois de duas décadas de guerra entre ciências, precisamos de um armistício.

Notas

Os números à esquerda indicam as páginas onde se encontram os trechos destacados.

7 "Nossa era está embrutecida pelos entretenimentos visuais": George Will, "Reality Television: Oxymoron", http://www.townhall.com/columnists/georgewill/gw20010621.shtml.

Introdução: A Curva do Dorminhoco (p.11-20)

13 Talvez o mais famoso seja Dungeons & Dragons: "Dungeons & Dragons não era uma fuga da cultura dominante, como alguns pais temiam e outras crianças suspeitavam, mas uma volta ao mundo da narrativa. Era isso o que eu e meus amigos estávamos fazendo: criando narrativas para compreender o sentimento de marginalidade social. Estávamos escrevendo histórias de escopo grandioso, com heróis, vilões e toda uma zoologia de criaturas míticas. Mesmo os esportes, arqui-inimigos dos RPGs, são um esplêndido relato de aventura e glória. Embora eu e meus amigos nem sempre estivéssemos inclinados à atividade atlética, encontrávamos agilidade nos personagens que criávamos. Nós lutávamos, voávamos pelo ar, disparávamos flechas no parque e ganhávamos pontos matando o dragão e desmontando a armadilha. Agora nossa influência está em todas as partes. Os jogadores da minha geração – cuja juventude foi passada dentro de porões elaborando identidades, mitologias e geografias com alguns bonequinhos de chumbo – são os cineastas, programadores de computador, escritores, DJs e músicos de hoje." Peter Bebergal, "How 'Dungeons' Changed the World", *The Boston Globe*, 15 nov 2004.

17 Algumas vezes, ... acho útil imaginar a cultura como um ... sistema climático feito pelo homem: Com certeza, os programas de televisão e os videogames não são moléculas de água; eles vêm ao mundo graças às paixões e aos talentos de indivíduos. *Chumbo grosso* precisou de seu Steven Bochco, SimCity, de seu Will Wright. Tais explicações biográficas têm valor, mas são apenas parte da história. (E, é claro, já são onipresentes na cobertura da mídia de massa sobre eles próprios, em perfis de revistas e resenhas de jornais.) Mas quando se tenta explicar tendências macro na história da cultura, a ênfase nos autores tem limitações. Se Steven Bochco não tivesse inventado o drama sério com multiplicidade de linhas, outra pessoa o faria: as condições econômicas e tecnológicas estavam em um ponto muito certo para que tal oportunidade se perdesse.

"Condições econômicas e tecnológicas" parece coisa do materialismo cultural da escola neomarxista, traduzindo cada artefato na "determinação em última instância" da história material. Mas, embora os materialistas culturais tenham feito um trabalho importante ao derrubar os limites biográficos da crítica estética – relacionando a obra a seu momento histórico, não às vicissitudes do gênio individual –, eles continuavam muito dependentes da arquitetura simbólica da crítica ideológica. A obra cultural se ligava às "condições econômicas e tecnológicas" da mesma maneira que uma máscara exprime o rosto debaixo dela: representando alguns aspectos comuns e distorcendo outros. A história produz uma progressão constante de novas relações sociais e tecnológicas, e a cultura flutua acima desse mundo, traduzindo suas ansiedades e contradições em um código que, na maioria das vezes, faz com que esse tumulto de experiências seja mais tolerável para as pessoas que o vivem. Já para o tipo de crítica realizada neste livro, a obra cultural não tenta resolver simbolicamente as contradições desencadeadas pela mudança histórica. A obra cultural é o resíduo da mudança histórica, não uma resolução imaginada.

18 Pelo contrário, o que se ouve são histórias terríveis: Considere essa amostra representativa da mentalidade da TV de má qualidade:

"Não são só os ranzinzas e os fanáticos que se incomodam com a nova face grosseira da programação de TV no final da década de 1990. Eis o que o *New York Times* tinha a dizer em uma matéria de primeira página em abril de 1998: 'Como uma criança que se comporta absurdamente mal para ver até onde consegue provocar os pais, nesta temporada a programação televisiva dirigida para o público geral está ostentando o que de mais vulgar em sexo, comportamento e linguagem até hoje foi enviado para os lares americanos.' Há pouco tempo uma manchete do *Wall Street Journal* advertia: 'São oito horas da noite. Seus filhos estão assistindo a sexo na TV'. A *U.S. News* resumia as tendências assim: 'Danem-se as crianças – essa deve ser a palavra de ordem da nova temporada de outono da TV ... A hora da família acabou. ... A história da programação de outono é a ascensão do sexo. Será que as redes algum dia vão se dar conta disso?'

"Uma ampla faixa de americanos está abismada com o que tem sido considerado entretenimento de TV ultimamente. Uma pesquisa feita em 1998 pela Kaiser Family Foundation revelou que dois terços dos pais afirmam estar 'bastante' preocupados com o que seus filhos estão vendo na televisão hoje em dia. A maior queixa é o conteúdo sexual, seguido de perto pela violência e, depois, pelo linguajar ofensivo." Karl Zinsmeister, "How Today's Trash Television Harms America", *American Enterprise*, mar 1999.

18 "Por todo o espectro político": Steve Allen, "That's Entertainment?", *The Wall Street Journal*, 13 nov 1998.

19 "A indústria de entretenimento levou": Parents Television Council. (O trecho foi encontrado há algum tempo em seu site http://www.parentstv.org/.)

19 "As *sitcoms* são emblemáticas": Suzanne Fields, "Janet and a Shameless Culture", *The Washington Times*, 4 fev 2004.

Parte I (p.21-107)

21 "Quem estuda a mídia logo passa a esperar": Marshall McLuhan, *Understanding Media*. Cambridge, The MIT Press, 1994, p.199.

23 "O melhor que se pode dizer sobre eles": Benjamin Spock e Steven J. Parker. *Dr. Spock's Baby and Child Care*. Nova York, Pocket Books, 1998, p.625.

23 "As pessoas que leem por prazer": Andrew Solomon, "The Closing of the American Book", *The New York Times*, 10 jul 2004. Solomon é um escritor perspicaz e eloquente, mas esse seu ensaio contém um conjunto de afirmações bizarras, e nenhuma está fundamentada em fatos ou bom senso. Como este trecho: "Meu último livro era sobre depressão, e o que as pessoas mais me perguntam é por que a depressão está aumentando. Eu falo sobre a solidão de quem passa o dia na frente de uma tela de TV ou de computador. Por outro lado, ler literatura é entrar em um diálogo; um livro pode ser um amigo, falando não para você, mas com você." Em primeiro lugar, há o fato de que a maioria dos videogames contém diálogos genuínos, pois o personagem do jogador deve interagir com outros na tela, diferentemente dos livros, em que o "diálogo" entre leitor e texto é puramente metafórico. Quando se considera a realidade de que a maioria dos games é jogada em contextos sociais – junto com amigos em um mesmo espaço físico ou por intermédio de uma conexão em rede –, tem-se a sensação de que Solomon não passou tempo algum com a forma de game que ele chicoteia. Assim, quando ele afirma que "Ler é mais difícil do que assistir televisão ou jogar videogames", é preciso perguntar: de que videogame, exatamente, ele está falando? Certamente ler *Ulisses* é mais difícil do que jogar PacMan, mas ler Stephen King é mais difícil do que jogar Zelda ou SimCity? Dificilmente.

27 Essas matérias sempre apontam ... destreza manual ou memória visual: Não trato aqui da questão da destreza manual, mas vale a pena observar como os sistemas de controle desses games vêm adquirindo complexidade incrivelmente maior ao longo desta última década. Basta comparar o primeiro Legend of Zelda (julho de 1987), no primeiro NES, ao Zelda do GameCube (março de 2003). Em dezesseis anos os games passaram pelas seguintes mudanças:

ENTÃO	AGORA
Controle	*Controle*
4 botões direcionais.	2 joysticks + 4 botões direcionais.
2 botões de ação.	7 botões de ação.
Cada botão tem apenas uma função.	Cada combinação de botões tem uma função única.
Perspectiva	*Perspectiva*
Ponto de vista superior estático.	Ponto de vista de "câmera" dinâmica controlada pelo jogador.
O jogador sempre tem uma visão completa.	A visão do jogador é limitada. É preciso controlá-la.
O game é "plano" (bidimensional).	O game é "virtual" (tridimensional).
Jogabilidade	*Jogabilidade*
O movimento é feito em quatro direções.	O movimento é feito em qualquer direção, inclusive para cima e para baixo.
Luta: 2 botões.	Luta: mais de dez combinações diferentes de botões. Exige coordenação e noção precisa de tempo.
Objetos: aperta-se apenas um botão.	Objetos: determina-se um botão, aprendem-se controles únicos para usar cada objeto. Exige noção de tempo, treinamento.

28 Então como são realmente os rinocerontes?: Henry Jenkins realizou o que talvez tenha sido ao longo da última década o retrato mais preciso do rinoceronte da cultura pop. "Muitas vezes, nossa reação à cultura popular é determinada por um desejo de respostas simples e ações rápidas. É importante tentar entender a complexidade da cultura contemporânea. Precisamos aprender a ser usuários de mídia seguros, críticos e criativos. Precisamos avaliar a informação e o entretenimento que consumimos. Precisamos entender os investimentos emocionais que fazemos no conteúdo da mídia. E, talvez o mais importante, precisamos aprender a não tratar diferenças de gosto como patologias mentais ou como problemas sociais. Precisamos pensar, falar e ouvir. Quando dizemos aos estudantes que a cultura popular não pertence às discussões da sala de aula, estamos indicando que o que eles aprendem na escola tem pouco a ver com as coisas com que eles se importam em casa. Quando, durante o jantar, evitamos conversar sobre cultura popular, talvez estejamos sugerindo que não nos interessamos pelas coisas que nossos filhos acham importantes. Quando dizemos a nossos pais que eles não entenderiam nossa música ou nossas opções de moda, estamos deixando-os de fora de uma parte importante

do que somos e do que valorizamos. Não precisamos ter as mesmas paixões um do outro. Mas precisamos respeitá-las e entendê-las." "Encouraging Conversations About Popular Culture and Media Convergence: An Outreach Program for Parents, Students, and Teachers, March-May 2000", http://web.mit.edu/21fms/www/faculty/henry3/resourceguide.html.

29 Considere a história de Troy Stolle: Julian Dibbell, "The Unreal-State Boom", *Wired*, jan 2003.

39 O aprendizado colateral, ou seja, a formação: John Dewey, *Experience and Education*. Londres, Collier, 1963, p.48.

42 "sondar, criar hipóteses, sondar de novo, repensar": James Paul Gee, *What Video Games Have to Teach Us About Learning and Literacy*. Nova York, Palgrave, 2003, p.90.

55 Mas outra parte consiste na atividade do espectador para "preencher as lacunas": No começo dos anos 1960, McLuhan apresentou uma relação de oposição entre meios de comunicação quentes e frios. Confesso que há muito tempo acho que essas categorias são as de menor utilidade do cânone mcluhaniano; elas têm algo de artificial, algo que contradiz a experiência que se tenta descrever. O meio é definido como quente ou frio de acordo com o grau de participação exigido do público para "preencher as lacunas" com detalhes a fim de completar a informação oferecida. À medida que cresce a resolução do meio – e particularmente a resolução voltada para um sentido específico –, ele exige menos participação do público e se torna "mais quente". "Um meio quente permite menos participação do que um frio, assim como uma palestra permite menos participação do que um seminário, e um livro, menos do que um diálogo", diz McLuhan em *Understanding Media* (p.22). Ele considerava a televisão uma mídia fria, em parte devido à baixa resolução da imagem em si e ao estilo fragmentado com que as informações eram apresentadas. Os livros, em contraste, eram supostamente quentes, o que levava à premissa pouco convincente de que os telespectadores realizam mais esforço mental "preenchendo as lacunas" do que os leitores de livros. Suspeito que a maioria das pessoas diria o contrário: livros forçam o leitor a preencher praticamente tudo, porque é preciso imaginar o cenário e os personagens, em vez de recebê-los à força pelo som e pela imagem na tela. Para mim, o que há de útil na análise de McLuhan não é a ideia de quente *versus* frio, mas a de preenchimento.

56 Multiplicidade de linhas é a convenção estrutural mais aclamada: Para um panorama informativo da ascensão dos dramas com diversas linhas, ver *Television's Second Golden Age* (Syracuse, NY, Syracuse University Press, 1997), de Robert J. Thompson.

59 O número total de linhas ativas equivale ao de temas de *Chumbo grosso*: As tramas dos episódios de *Família Soprano* e de *Chumbo grosso* são:

Família Soprano
Assassinato de Christopher
Roteiro de Christopher
Conflitos com Tio Júnior
Frustração de Carmela
Conflitos com Tia Lívia
Dr. Melfi e Tony
Problemas com o governo
A família descobre o que Tony faz
Infidelidades de Tony

Chumbo grosso
Jablonski e a mulher
Operação Pulgueiro
Julgamento de Celestine Gray
Paternidade de Renko
O geleiro matricida
O homicídio do velho
O carro roubado dos turistas
Romance Furillo-Joyce

59-60 a estreia do piloto de *Chumbo grosso* ... foi seguida de queixas dos espectadores: Houve um incidente revelador ao final da quinta temporada do programa, quando a produtora, MTM, pediu que Bochco se desligasse do seriado. Uma matéria no *New York Times* relatou: "*Chumbo grosso*, a série policial da NBC que vem sendo aclamada por suas complexas narrativas e ambiciosas técnicas de produção, vai simplificar seus enredos e diminuir o número de personagens no próximo outono, em uma tentativa de reduzir custos, segundo produtores e roteiristas do programa.

"As mudanças foram traçadas após o inesperado pedido de demissão de Steven Bochco, o inovador criador e produtor executivo do programa, que foi pressionado para se afastar na semana passada. Serão usados menos extras, e alguns membros regulares do elenco aparecerão com menos frequência, disseram os produtores do programa. Eles afirmaram que as mudanças vão ajudar a reduzir os custos e a melhorar a imagem da série que, em seu quinto ano, alcança 29% dos espectadores nas quintas-feiras, das dez às onze horas da noite – bem acima do mínimo necessário para continuar no ar.

"'O programa provavelmente é mais denso do que o ideal para contar histórias coerentes', disse Jeffrey Lewis, que, em conjunto com David Milch, foi indicado pela MTM Enterprises Inc., produtora do programa, para substituir Bochco. 'O problema com o programa é que não conseguimos contar as histórias de forma tão completa quanto gostaríamos porque precisamos contar muitas.'" Sally Bedell Smith, "*Hill Street* to Trim Its Cast and Plots", *The New York Times*, 28 mar 1985, p.C22.

60 Em primeiro lugar, ... *Família Soprano* é um genuíno sucesso nacional: Com a estreia da terceira temporada (4 de março de 2001), *Família Soprano* começou a ter audiência maior do que muitos de seus concorrentes da rede aberta, apesar de estar disponível para apenas um terço das residências americanas. Em especial, o seriado começou a esmagar rotineiramente a concorrência na importante faixa demográfica de 18 a 49 anos, e ainda faz isso com frequência. Na estreia da terceira temporada, um índice de 5,8 na faixa de 18 a 49 anos fez dele o 19º programa mais visto da semana de todos os canais. A estreia da quarta temporada atraiu mais espectadores para seu horário do que qualquer outro programa na televisão, e alguns episódios dessa temporada ganhavam rotineiramente de todos os outros concorrentes nas noites de domingo. No somatório da semana para a faixa de 18 a 49 anos, a estreia ficou em segundo lugar, pouco atrás da transmissão dos jogos do campeonato de futebol americano pela ABC.

61 Hoje pode-se desafiar ... uma mistura mais complicada: Durante uma entrevista em 1995, Bochco, referindo-se a *Murder One*, esclareceu seu ponto de vista sobre dramas para televisão: "Estamos tentando criar um impacto de longo prazo. Algo que exija que o público adie um pouco a gratificação, controle esse impulso em função de uma conclusão mais complexa e totalmente satisfatória mais adiante. É o mesmo compromisso que você faz quando abre a primeira página de um romance." Robert Sullivan, "He Made It Possible", *The New York Times Magazine*, 22 out 1995, p.54.

66 Eis uma cena típica de *ER*: Compare o diálogo de *ER* com a seguinte sequência de um episódio de *St. Elsewhere* intitulado "Down's Syndrome". Esse é o trecho mais complicado de "textura" médica de todo o episódio, mas observe como cada frase difícil é acompanhada imediatamente por uma tradução para leigos. (O roteiro desse episódio, que foi ao ar em 16 de novembro de 1982, foi escrito por Tom Fontana.)

INT. HALL/FORA DO QUARTO DA SRTA. TAYLOR – DIA

Eles estão em pé no corredor. MORRISON se apoia na parede. WHITE está roendo as unhas.

WHITE: O fígado estava rígido, muito rígido.

AUSCHLANDER: Que tratamento você sugere?

ARMSTRONG: Radioterapia.

AUSCHLANDER: Pode reduzir um pouco a tensão, mas precisa ficar limitado a doses inferiores a 2 mil rad.

WHITE: E quimioterapia?

AUSCHLANDER: Mesma coisa, pode ser feita em doses adequadas, mas inúteis... Mais alguma ideia?

MORRISON: E uma remoção parcial do fígado?

AUSCHLANDER: Algumas das melhores respostas não estão nos livros, dr. Morrison.

OS RESIDENTES lançam um olhar vazio uns para os outros e para o chão.
ARMSTRONG: Acho que ela sabe que vai morrer.
AUSCHLANDER espera ela continuar.
ARMSTRONG: Devemos tentar deixá-la o mais confortável possível. ... O que mais podemos fazer?

69 Mas, quando comparados ... o outro sentido de "mais simples" também se aplica: "Existe uma espécie de regra na televisão", disse Jay Anania, um cineasta que dá aulas de direção na New York University. "Você fala para as pessoas o que elas vão ver, você mostra para elas, e então você lhes diz o que elas acabaram de assistir. Em *Família Soprano*, ninguém avisa os espectadores sobre o que vai acontecer. Assim como na vida, há fios soltos que nunca são resolvidos. Há metáforas que nos esforçamos para compreender. [O criador e produtor-executivo David] Chase disse em entrevistas que não fecha o enquadramento no rosto de Tony Soprano nas cenas da terapia do protagonista porque não quer indicar para os espectadores o que é importante. Quer que eles descubram sozinhos." Libby Copeland, "The Sopranos' Four-Octave Range", *The Washington Post*, 5 jun 2004.

70 Saber que George usa o codinome Art Vandelay: As referências a Art Vandelay aparecem nos seguintes episódios: "The Stakeout" (episódio 2); "The Red Dot" (episódio 29); "The Boyfriend", parte 1 (episódio 34); "The Pilot", parte 1 (episódio 63); "The Cadillac", partes 1 e 2 (episódios 124 e 125); "Bizarro Jerry" (episódio 137); "Serenity Now" (episódio 159); "The Puerto Rican Day" (episódio 176); "The Finale", partes 1 e 2 (episódios 179 e 180).

71 Segundo um site ... em média cada episódio de *Os Simpsons* inclui: A lista de referências cinematográficas em *Os Simpsons* é uma cortesia do site Simpsons Archive. É possível ver a lista completa em http://www.snpp.com/guides/movie_refs.html. A seguir apresento um exemplo de filmes e as respectivas referências em "O viúvo negro" (8F20), um episódio "normal" de *Os Simpsons*.

O homem-elefante: imaginação de Lisa.

Rebeldia indomável: pegando o lixo; a imagem dos óculos escuros do guarda; o guarda batendo na perna com o cassetete.

O mágico de Oz: "Cobra, eu vou sentir sua falta mais do que tudo."

...E o vento levou: "Trá-lá-lá. Amanhã é outro dia."

Psicose:

Sideshow Bob vira uma cadeira, esperando encontrar um cadáver, mas em vez disso encontra Bart. (No filme, a personagem de Vera Miles vira uma cadeira, esperando encontrar a sra. Bates, mas em vez disso encontra um cadáver.)

Sideshow Bob fica tão assustado que acerta uma lâmpada dependurada.

Pouco depois, ouve-se um acorde de violino.

O falcão maltês: Mary Astor leva a culpa (as barras metálicas deslizantes da porta do elevador).

O mistério da viúva negra: Ninguém acredita que o herói sabe quem é o vilão; casamento por dinheiro, depois assassinato; o último assassinato movido por vingança; o vilão fica confiante demais e dá com a língua nos dentes.

75 A relação que a realidade tem com *Survivor* é muito mais parecida: Heather Havrilesky, a maravilhosa crítica de televisão de *Salon*, é uma das poucas pessoas a entender o erro fundamental de compreensão sobre o termo "realidade" na expressão *reality show*: "Muitos argumentaram que o constrangimento será a morte do gênero. Disseram que, como cada vez mais participantes dos programas de *reality show* vão tendo algum contato prévio com outros programas do gênero, suas ações e declarações ficarão cada vez menos 'reais'. O que se deve contestar aqui é o uso popular da palavra 'realidade' para descrever um gênero que nunca teve uma visível preocupação com o realismo ou sequer em oferecer uma visão precisa dos acontecimentos apresentados. Na verdade, a expressão '*reality show*' pode ter sido originada a partir de *The Real World*, em que 'real' tem tanto o sentido de 'o mundo que espera os jovens depois que eles se formam na escola', e no sentido de 'cair na real', ou, mais especificamente, aporrinhar alguém que acabou com a sua pasta de amendoim." Heather Havrilesky, "Three Cheers for Reality Television". *Salon*, 13 set 2004.

76 Parte desse desafio decorre ... da rica geografia social: Heather Havrilesky acerta mais uma vez: "As pessoas de verdade são surpreendentes. O processo de conhecer os personagens, descobrir as qualidades e defeitos que os definem e então discutir essas descobertas com outros espectadores cria uma simulação de comunidade que a maior parte das pessoas não encontra na vida cotidiana. Isso pode ser uma observação triste sobre a maneira como estamos vivendo, mas a culpa não é desses programas, que revelam um desejo sincero de estabelecer relações com outros seres humanos. É melhor redescobrir nosso interesse por outras pessoas reais do que afundarmos na miragem da cultura da celebridade intocável ou de um universo ficcional super-humano e ultraesperto no estilo *Friends*." Heather Havrilesky, "Three Cheers for Reality Television". *Salon*, 13 set 2004.

81 "Embora a Constituição não mencione": Neil Postman, *Amusing Ourselves to Death*. Nova York, Penguin, 1985, p.4.

94 Há uma década Douglas Rushkoff cunhou o termo "*screenagers*": Douglas Rushkoff, *Playing the Future*. Nova York, Riverhead, 1999.

95 A televisão ... abrange todas as formas: Neil Postman, *Amusing Ourselves to Death*. Nova York, Penguin, 1985, p.92.

96 O segundo modo como a ascensão: Uma maneira de pensar a questão do desafio cognitivo da mídia digital é a partir de uma estrutura que esbocei em meu livro de 1997,

Cultura da interface. O que faz com que essas novas formas sejam mais estimulantes que qualquer outra é o fato de exigirem, além do domínio do "conteúdo" tradicional da mídia, o domínio de interfaces, que estão evoluindo a uma velocidade impressionante. Para mandar um e-mail, é preciso pensar no processo da escrita, mas também na interface física com o computador através do teclado e do mouse, nas convenções de interface que regulam o próprio programa de e-mail e nas convenções mais amplas de interface do sistema operacional. Comparando esses diferentes níveis cognitivos com o sistema mais direto da escrita de um bilhete à mão, tem-se uma ideia de como a interface digital moderna tem maior demanda cognitiva.

106 Em média, Dickens vendeu cerca de 50 mil exemplares: Peter Ackroyd, *Dickens: Public Life and Private Passion*. Londres, BBC Worldwide, 2002.

107 Eis então o panorama da Curva do Dorminhoco: Se a música pop de hoje não parece estar sentindo o mesmo Efeito do Dorminhoco que outras mídias de massa, em parte isso é porque a revolução da repetição já havia transformado a indústria musical há cerca de quarenta anos, quando, em meados da década de 1960, ela deixou de ser um empreendimento baseado em discos descartáveis com apenas uma música para se tornar um negócio ancorado em álbuns elaborados para serem ouvidos centenas de vezes. Claro, o grande incremento de complexidade da música popular na década de 1960 teve também outras causas – desde o talento de artistas individuais até a volatilidade do período histórico –, mas essa nova complexidade pôde florescer porque os artistas podiam explorar um formato que favorecia a repetição. Desde os tempos da vitrola, a música popular se fundamentou em canções que se fixavam instantaneamente na cabeça dos ouvintes, mas isso mudou nos anos 1960. De repente, os maiores sucessos de venda eram LPs que recompensavam a repetição de reproduções e ofereciam letras e melodias de uma complexidade inimaginável nos mercados anteriores orientados para músicas fáceis.

Em correspondência privada, Henry Jenkins observa que é possível ver um aumento comparável de complexidade visual e narrativa no mundo dos quadrinhos: "A complexidade visual dos quadrinhos contemporâneos voltados para o público geral seria praticamente incompreensível cinquenta anos atrás. Digo cinquenta porque o impulso para a complexidade visual certamente remonta à década de 1960, mas um artista atual como David Mack ou Chris Ware leva a aparência das páginas de quadrinhos mais longe do que Steranko, em seu momento de maior extravagância inspirada pela *pop art*, poderia ter imaginado. Mas uma outra forma nova de complexidade narrativa surge com o desenvolvimento de universos alternativos e de diversas versões dos mesmos personagens. Os quadrinhos costumavam desenvolver a complexidade por meio da continuidade – pedindo que os leitores acompanhassem mais de setenta anos de história do universo da DC, por exemplo, e recuperando personagens que não eram vistos havia décadas. Isso é bem impressionante – como você sugere ao mostrar uma conduta semelhante na televisão contemporânea. Mas agora eles também estão permitindo que diferentes autores construam versões radicalmente diferentes dos mesmos protagonistas, cada um com suas próprias continuidades, cada um com suas próprias interpretações. Assim, se sou fã do Homem-Aranha, acabo acompanhando quatro ou cinco universos diferentes a cada mês, lembrando durante a leitura se nesse exemplar a tia May conhece a outra identidade de Peter ou não. Ao mesmo tempo, uma série como *Elseworlds* pode mudar completamente as histórias: assim, *Superman's Metropolis* vai descrever as origens do Homem de Aço através da linguagem do expressionismo alemão de Fritz Lang, *Red Sun* vai explorar o que teria acontecido se a nave de Kripton tivesse aterrissado na União Soviética e não nos Estados Unidos, e *Speeding Bullets* explorará o que teria acontecido se misturássemos as origens do Super-Homem e do Batman. Cada uma delas exige conhecimento considerável não apenas de histórias em quadrinhos, mas também [de] uma variedade de outras tradições da mídia e a capacidade de se comparar uma à outra."

Parte II (p.109-53)

114 Se essas melhorias cognitivas não decorrem: James Flynn e o economista William Dickens propuseram para o paradoxo do QI uma solução fascinante, que apresenta um modelo útil da interação entre gene e cultura que tem desconcertado muitos críticos recentemente. "As pessoas que chegam à vida com uma pequena vantagem proporcionada pelos genes para essas capacidades começam com uma modesta vantagem no desempenho. Então os genes começam a mover a poderosa máquina de causalidade recíproca entre capacidade e ambiente. O aluno começa sendo um pouco melhor na escola, e assim se sente encorajado, enquanto outros que são um pouco 'lentos' ficam desencorajados. Ele estuda mais, o que melhora seu desempenho cognitivo, ganha elogios por causa de suas notas, começa a frequentar a biblioteca, ingressa em um grupo de elite. Outra criança descobre que é melhor nos esportes, faz o mínimo, não lê por prazer, e passa para um grupo inferior. Os dois podem ir para a mesma escola, mas os ambientes que ambos constroem para si mesmos nessa escola serão radicalmente diferentes. A modesta vantagem cognitiva inicial conferida pelos genes se multiplica de maneira imensa.

"Mais uma vez, assim como diferentes genes se combinam com ambientes muito diferentes, genes idênticos se combinam com ambientes muito semelhantes. Dois irmãos gêmeos idênticos separados após o nascimento vão ter QIs muito semelhantes nos testes que fizerem quando adultos. Usando o modelo de [Arthur] Jensen, os genes vão receber o crédito por todas as poderosas influências ambientais partilhadas por ambos. E o ambiente vai parecer tão insignificante que de forma alguma poderia dar conta da imensa vantagem de QI que os filhos vão ter em relação a seus pais. Nosso modelo mostra por que isso é um erro. Mostra que os estudos de parentesco escondem ou 'mascaram' o peso das influências do ambiente sobre o QI. Portanto, eles não demonstram de fato a impossibilidade de uma explicação ambiental para os ganhos drásticos ao longo do tempo." William T. Dickens e James R. Flynn, "Heritability Estimates Versus Large Environmental Effects: The IQ Paradox Resolved", *Psychological Review*, v.108, n.2, abr 2001. Sumário em http://www.brookings.edu/views/articles/dickens/200104.htm.

115 "A complexidade do ambiente de um indivíduo": Carmi Schooler, "Environmental Complexity and the Flynn Effect", in Ulric Neisser (org.). *The Rising Curve*. Washington, DC, American Psychological Association, 1999, p.71.

121 o impacto mental *positivo* da mídia contemporânea ainda não foi amplamente examinado: O livro de 1977 *The Plug-In Drug*, de Marie Winn, é instrutivo no contexto do Efeito Flynn. Atualizado em 2002 com material crítico adicional sobre as novas mídias eletrônicas, a obra foi uma das fontes originais essenciais da reação à ideia de que "a televisão está prejudicando o cérebro de nossos filhos". Na edição comemorativa do 25º aniversário, Winn faz várias afirmações suspeitas para demonstrar os efeitos nocivos da mídia eletrônica. Em um ponto, ela admite: "Várias gerações de crianças que cresceram assistindo televisão chegaram à maturidade sem mostrar sinais de tendência declinante de inteligência geral" (Marie Winn, *The Plug-in Drug*. Nova York, Penguin, 2002, p.67). Tecnicamente, claro, isso é verdade. Não há qualquer sinal de tendência declinante porque, de fato, há uma tendência *ascendente*. (O Efeito Flynn não é mencionado no livro.)

A principal evidência apresentada por Winn sobre o "esvaziamento do cérebro" causado pela TV e pelo computador é a tendência de declínio a longo prazo dos resultados nos testes verbais do SAT, que, segundo ela, vem diminuindo a um ritmo constante desde meados da década de 1960 até início de 1980, estabilizando-se nos vinte anos seguintes. Ela considera que esse padrão combina perfeitamente com o aumento da quantidade de horas de exposição à televisão durante esse período: a geração que fez o SAT em 1980, no ponto mais baixo da tendência, foi a primeira a ser criada com televisão do berço à universidade – e assim não seria surpreendente que suas habilidades verbais fossem as piores dos últimos tempos.

Os números de Winn parecem convincentes, mas, quando examinados atentamente, eles dão mais força à hipótese da Curva do Dorminhoco do que à argumentação dela sobre o esvaziamento dos cérebros. Em relação aos testes verbais do SAT, a previsão da Curva do Dorminhoco seria a seguinte: um pequeno declínio na adolescência da TV, nos anos horrorosos de *Happy Days* e *Starsky & Hutch*, seguido por um aumento gradualmente acelerado à medida que as mídias interativas baseadas em texto se difundiam pelo público geral, mais ou menos de 1985 em diante.

E, na verdade, é exatamente isso o que se vê: o resultado *médio* dos testes verbais do SAT estabilizou-se entre 1980 e 2000, mas o desempenho de cada grupo demográfico isoladamente melhorou de maneira significativa. (Só a decomposição geral dos grupos mudou, reduzindo a média.) E, desde 2000, até mesmo a média subiu seis pontos, refletindo o crescimento da ênfase na escrita e na leitura na era digital.

121 Um estudo da University of Rochester: "Pesquisadores da University of Rochester descobriram que jovens adultos que jogavam regularmente videogames com muitas perseguições de carros em alta velocidade e tiroteios intensos apresentavam melhores habilidades visuais do que os que não jogavam. Por exemplo, eles se saíam melhor acompanhando objetos que apareciam ao mesmo tempo e processavam com mais eficiência informações visuais que mudavam rapidamente." Associated Press, "Fire Up That Game Boy", 28 mai 2003.

121 Outro estudo recente examinou três grupos distintos: John Beck e Mitchell Wade, *Got Game?*. Cambridge, MA, Harvard Business School Press, 2004.

122 "Assim como uma elite com uma vantagem enorme de QI": James Flynn, "Massive QI Gains in 14 Nations: What IQ Tests Really Measure", *Psychological Bulletin*, 101, n.2, 1987, p.187.

124 Em 2003, pela primeira vez Hollywood ganhou mais dinheiro: "Em 1996, um ano antes do lançamento do aparelho doméstico de DVD, os consumidores gastaram 6 bilhões de dólares em compras de fitas VHS e 9,2 bilhões de dólares em aluguel, rendendo aos estúdios 75% das vendas e 20% dos aluguéis. Em 2004, segundo a Adams Media Research, os consumidores vão gastar 24,5 bilhões de dólares em compras e aluguéis de DVDs e de fitas VHS. Quase 15 bilhões de dólares serão em vendas de DVDs, e quase 80% desse valor irá para os estúdios através de seus departamentos de entretenimento doméstico. A explosão das vendas de DVD mudou o cálculo dos sucessos de Hollywood. No ano passado, *Procurando Nemo* rendeu 339,7 milhões de dólares em ingressos quando foi lançado nos cinemas dos Estados Unidos. Depois, rendeu uma quantia maior – 431 milhões de dólares – em vendas e aluguéis de vídeos domésticos (incluindo DVD)." Ross Johnson, "Getting a Piece of a DVD Windfall", *The New York Times*, 14 dez 2004.

126 uma filosofia caracterizava a teoria de ... "Programação Minimamente Objetável"; "Existimos": Citado em Robert J.Thompson, *Television's Second Golden Age*. Syracuse, NY, Syracuse University Press, 1997, p.39.

137 "velocidade elétrica"; "Hoje é a velocidade instantânea": Marshall McLuhan,. *Understanding Media*, p.353.

138 "regime de competência"; "Cada nível explora": James Paul Gee, "High Score Education", *Wired*, mai 2003. O artigo pode ser lido em http://www.wired.com/wired/archive/11.05/view.html?pg-1.

144 "Envolver-se no mundo da escrita": Neil Postman, *Amusing Ourselves to Death*, p.51.

148 Se o tema ... realmente tivesse um impacto significativo em nosso comportamento: David Gauntlet, pesquisador de novas mídias, oferece uma definição inteligente para o

problema metodológico da maioria dos estudos sobre violência na mídia: "Para explicar o problema da violência na sociedade, os pesquisadores deveriam começar por essa violência social e tentar explicá-la com referência, é óbvio, àqueles que a praticam: sua identidade, seu passado, seu caráter, e assim por diante. A abordagem dos 'efeitos da mídia', nesse sentido, trata do problema de trás para a frente, começando com a mídia e tentando laçar a partir daí relações com seres sociais, e não o inverso.

"Essa distinção é importante. Os criminologistas, tentando explicar o crime e a violência, consistentemente buscam explicações não na mídia de massa, mas em fatores sociais como pobreza, desemprego, moradia e comportamento da família e de conhecidos. O estudo, que de fato começou pelo ponto que julgo ser o correto – entrevistando 78 infratores adolescentes (condenados por crimes sérios como assalto à mão armada e violência) e então ligando seu comportamento ao uso da mídia, comparando-os com um grupo de quinhentos estudantes 'normais' da mesma idade [Hagell e Newburn, *Persistent Young Offenders*, 1994] –, descobriu apenas que os jovens infratores viam menos televisão e vídeo do que o grupo 'normal', tinham menos acesso a tecnologia, não tinham interesse especial por programas especificamente violentos, e gostavam das mesmas coisas que os adolescentes não infratores, ou simplesmente eram indiferentes a elas. Esse ponto ficava claro quando se perguntava aos infratores: 'Se você pudesse ser alguém que aparece na televisão, quem gostaria de ser?'

"'Os infratores se sentiam particularmente pouco à vontade com essa pergunta e pareciam ter dificuldade para entender por que alguém gostaria de ser uma pessoa dessas. ... Em várias entrevistas, os infratores já haviam afirmado que viam pouca televisão, não se lembravam de seu programa favorito e, consequentemente, não conseguiam pensar em ninguém que quisessem ser. Nesses casos, a óbvia incapacidade de se identificar com qualquer personagem da televisão parecia ser parte de uma falta geral de envolvimento com a televisão.' (p.30)." David Gauntlett, "Ten Things Wrong with the 'Effects Model'", http://theory.org.uk/david/effects.htm.

148 No final de 2004, os departamentos de Justiça e de Educação dos Estados Unidos publicaram um estudo conjunto: Fox Butterfield, "Crime in Schools Fell Sharply over Decade, Survey Shows", *The New York Times*, 30 nov 2004.

151 "Mais do que qualquer outra pessoa, Steven Spielberg": Kurt Andersen, "Kids Are Us", *The New Yorker*, 15 dez 1997.

Notas sobre leituras adicionais (p.163-7)

165 Consiliência: Ao assumir uma abordagem consiliente da cultura, uma pergunta é inevitável: onde parar? Se cada degrau na escada conecta-se com outro inferior, onde é preciso saltar? Por que não passar da solução de problemas em Zelda para a gravitação quântica? Nos últimos anos, as listas de livros mais vendidos têm apresentado vários títulos que demonstram exatamente essa amplitude. (Basta pensar em *A tormenta*, de Sebastian Junger.) No entanto, para um crítico da cultura popular, a es-

cada interpretativa tem dois limites importantes, definidos pelo alcance da percepção humana. As escalas de realidade que valem a pena explorar são as que têm um efeito significativo, diferencial sobre a experiência cultural. Nos extremos mais altos e mais baixos do espectro, os efeitos perdem relevância. Um jogador pode não perceber que o videogame em que está mergulhado ativa seu sistema de dopamina, mas ainda assim vai sentir os efeitos. Alguns games vão gerar maior atividade dopaminérgica do que outros, e, como vimos, o gênero dos videogames tende a ser mais propício à dopamina do que outras formas culturais. Então, faz sentido estender a análise até a escala da neuroquímica. Mas as relações subatômicas que criam a molécula de dopamina propriamente dita são menos relevantes, porque essas forças permanecem constantes em toda a química cerebral, e porque seus efeitos só são percebidos de maneira indireta.

Na extremidade oposta da escala, faz sentido analisar a macroeconomia da indústria dos videogames porque essas forças determinam os tipos de games disponíveis. Mas a relação macrogravitacional que permite que a Terra gire ao redor do Sol não justifica a análise porque não tem efeito específico sobre a experiência dos videogames. É verdade que a indústria dos videogames sofreria uma transformação dramática sem o Sol, mas seria precisamente a mesma transformação que aconteceria a toda a vida na Terra: ela se extinguiria. A abrangência exata das escalas apropriadas varia de acordo com a indagação cultural pretendida. Se o foco é a cultura da pesca do espadarte, como no livro de Junger, então é inteiramente apropriado ampliar a lente até a escala global da meteorologia. Mas a maioria das práticas culturais fica na escala dos coletivos humanos: cidades, economia, redes. É preciso entender como as comunidades agora partilham informações on-line a fim de entender a complexidade dos videogames atuais. Mas não é preciso entender a Corrente do Golfo. Qualquer pessoa que tenha experimentado essa abordagem pode dizer que eliminar as extremidades da escada provavelmente não vai limitar a perspectiva. Há muito trabalho a se fazer no meio.

Agradecimentos

Este livro é diferente dos meus anteriores porque trata de um assunto sobre o qual a maioria das pessoas já tem opinião formada. Isso tem suas vantagens. Desta vez, as muitas conversas casuais de que um escritor participa enquanto está escrevendo acabaram sendo mais produtivas do que o normal. Antigamente, a maioria dessas conversas começava com uma expressão intrigada: "Você está escrevendo um livro sobre formigas e *o quê*? Mas sempre que eu mencionava o argumento de *Tudo que é ruim* as pessoas vinham com suas próprias teorias sobre o estado da cultura pop. Não fiquei surpreso ao descobrir que os pais estavam particularmente dispostos a discutir as ideias. (E, algumas vezes, um pouco desconfiados.) Essas conversas acabaram colorindo bastante o que eu terminei por escrever: abrindo novas vias a serem exploradas e deixando-me ciente de objeções que tinham de ser tratadas. Assim, obrigado a todos que me deram bronca em uma mesa de bar, durante um almoço ou dentro de um avião. Para o bem e para o mal, eu escrevi isto imaginando vocês como meus leitores.

Tive também um punhado de leitores não imaginados que fizeram comentários muito úteis e encorajadores: Alex Ross, Kurt Andersen, Jeff Jarvis, Henry Jenkins, Douglas Rushkoff, Esther Dyson, Christina Koukkos, Alex Star e Alexa Robinson. Meu pai deu um jeito de justificar todas aquelas horas assistindo a *Família Soprano* fazendo algumas sugestões oportunas perto do final do processo de edição. Também sou grato a Red Burns e a George Agudow, do Programa de Telecomunicações Interativas da New York University, por me permitirem dar um curso de pós-graduação sobre videogames, coisa que nenhum adulto deveria ter permissão para fazer. Meus alunos naquele curso me ajudaram tremendamente a entender o poder e a inteligência da cultura dos games.

Meus editores na *Discover* e na *Wired* – Stephen Petranek, Dave Grogan, Chris Anderson, Ted Greenwald, Mark Robinson – me deixaram ruminar sobre tecnologia e cultura a fim de que desse forma a muitas das ideias apresentadas aqui; Esther Dyson fez a gentileza de me dar um número completo de seu *Release 1.0* para que eu pensasse na maneira como os softwares interagem com o cérebro. Também sou grato ao programa Voices of Vision, da Caltech, por me convidar para dar uma palestra sobre as virtudes da cultura pop quando eu estava terminando o livro.

Estou em dívida com meu assistente de pesquisa, Ivan Askwith, que fez de tudo, como transcrever citações de livros, gerar meus gráficos (ocasionalmente bizarros), e até me ajudar a conceber teorias inteiras sobre o universo narrativo de *Família Soprano*. Acho que vamos ouvir falar mais de Ivan nos próximos anos.

Que posso dizer sobre Sean McDonald, meu editor na Riverhead? Sua nova técnica de edição é irrefreável! Acho que não há uma só página deste livro que não tenha sido melhorada por algum comentário ou pergunta dele, e sou muito grato por sua disposição de permitir que o livro evoluísse desde seu formato original. Obrigado a toda a equipe da Riverhead – especialmente Julie Grau, Cindy Spiegel, Larissa Dooley, Kim Marsar, Liz Connor e Meredith Phebus – por me aceitar no grupo e por me dar o apoio e o estímulo de que eu precisava.

Este é o primeiro livro que escrevi do começo ao fim em nossa nova casa no Brooklyn, então quero agradecer a todo o elenco de apoio que faz de Park Slope um oásis urbano: nossos muitos amigos da vizinhança que apareciam lá em casa sem avisar e me salvavam de um parágrafo que eu não conseguia encerrar; o café no Tea Lounge e no Naidre's (e, sim, no Starbucks – tudo que é ruim faz mesmo bem); as centenas – ou milhares – de pessoas que fazem de Prospect Park o lugar perfeito para um passeio à tarde a fim de fugir do teclado; as crianças esmurrando a porta do escritório, exigindo passar algum tempo com o computador (e, se necessário, com o papai também); e, acima de tudo, minha esposa, que fez com que muito da beleza e da felicidade de nossa vida fosse possível.

Mas este vai para minha agente, Lydia Wills, que está na luta comigo há dez anos e acreditou no livro mesmo quando até eu tinha começado a perder a fé. Se nesses dez anos ela não tivesse se tornado um sucesso tão grande, eu poderia achar que estava em dívida com ela. Tal como está, fico feliz que ela ainda retorne minhas ligações.

Nova York
Fevereiro de 2005

FSC
www.fsc.org
MISTO
Papel produzido
a partir de
fontes responsáveis
FSC® C019498

A marca FSC é a garantia de que a madeira utilizada na fabricação do papel deste livro provém de florestas de origem controlada e que foram gerenciadas de maneira ambientalmente correta, socialmente justa e economicamente viável.

Este livro foi composto por Mari Taboada em Dante Pro 11,5/16 e impresso em papel pólen soft 70g/m² e cartão triplex 250g/m² por Geográfica Editora em março de 2012.